DELIUS KLASIN

Roland Denk

SEGELN LERNEN

IN FRAGE UND ANTWORT

Delius Klasing Verlag

Bibliografische Information Der Deutschen Bibliothek
Die Deutsche Bibliothek verzeichnet diese Publikation in der Deutschen Nationalbibliografie; detaillierte bibliografische Daten sind im Internet über »http://dnb.ddb.de« abrufbar.

1. Auflage
ISBN 3-7688-1480-7

Fotos (einschließlich Umschlag): Roland Denk
Umschlaggestaltung: Gabriele Engel
Druck: J. P. Himmer GmbH & Co. KG, Augsburg
Printed in Germany 2003

Delius Klasing Verlag, Siekerwall 21, D - 33602 Bielefeld
Tel.: 0521/559-0, Fax: 0521/559-115
E-Mail: info@delius-klasing.de
www.delius-klasing.de

Inhalt

Vorwort

Als junger Sport- und Germanistikstudent stieß ich bei der Vorbereitung auf die Aufnahmeprüfung zu einem Literatur-Hauptseminar auf die »Deutsche Literaturgeschichte in Frage und Antwort«. Das Buch beeindruckte mich stark, weil sich das Lernen und Verstehen plötzlich als so kurzweilig, leicht und erfolgreich erwies. Später, als Segelbuchautor, erinnerte ich mich immer wieder an dieses lernpsychologisch so eindrucksvolle Werk, und der Gedanke ließ mich nicht mehr los, ein Segellehrbuch in Frage und Antwort zu verfassen. Und so entstand ein solches Buch, zunächst in fünf Auflagen in der BLV Verlagsgesellschaft in München und nun in Neubearbeitung im Delius Klasing Verlag, Bielefeld.

Es handelt sich um ein Anfänger- und Fortgeschrittenenbuch über die Grundlagen des Segelsports und für das Binnensegeln. Der gesamte Lernstoff, den Anfänger und Fortgeschrittene wissen sollten, ist in rund 360 Fragen aufgegliedert, und zwar mit Antworten, die im Gegensatz zu mageren Prüfungs-Kurzantworten genauere und ausführlichere Erklärungen geben.

Das Buch ist nicht nur als Lernquelle für Anfänger und Fortgeschrittene, sondern auch zur Überprüfung des Wissens für geübte Segler geeignet.

Ist es auch zur Vorbereitung auf die Prüfung für den Sportbootführerschein Binnen, die ja auch einen Prüfungsteil über Motor und Motormanöver enthält, geeignet? Ja! Obwohl es nicht ausdrücklich ein Führerscheinbuch sein soll, ist doch der gesamte Prüfungsstoff behandelt. Ein Führerschein-Bewerber wäre sogar gut beraten, sich den Prüfungsstoff mit Verständnis und ohne fragwürdige »Paukerei« anzueignen, statt die offiziellen Prüfungsfragen mit Kurzantworten wie Vokabeln nur auswendig zu lernen. Deshalb wurde auf den Abdruck des Fragenkatalogs verzichtet. Man findet ihn ohnehin in den einschlägigen Lehrbüchern.

Eines sollten Führerschein-Prüflinge, die dieses Buch benutzen, aber beachten: Die Fragen und Antworten über Trapez- und Spinnakersegeln, großenteils auch über Regattasegeln und über Kentern und Aufrichten einer Jolle gehen über den Prüfungsstoff hinaus.

Wenn Sie alle Antworten dieses Buches beherrschen (nicht wörtlich), dann besitzen Sie als Segler ein solides und breites Grundwissen.

Roland Denk

1 Boot, Segel, Ausrüstung

In welche beiden großen Gruppen unterteilt man Segelboote?

Einrumpfboote und Mehrrumpfboote (englisch: »Multihulls«). Mehrrumpfboote sind die Katamarane und die Trimarane. Bei den häufiger vorkommenden Einrumpfbooten unterscheidet man zwischen zwei Grundtypen: Schwertboote (Jollen) und Kielboote (Yachten).

Erklären Sie den Begriff »Yacht«!

Yacht bedeutet ganz allgemein so viel wie »Sportfahrzeug«. So kann man sowohl Segelboote allgemein als Yachten bezeichnen (in den Wettfahrtregeln wurde früher z.B. ein Segelboot stets als Yacht bezeichnet) als auch Sportmotorboote als Motoryachten.
Wenn Segler aber das Wort »Yacht« gebrauchen, so meinen sie in der Regel ein Kielboot im Gegensatz zum Schwertboot (Jolle). Genauer wäre aber der Ausdruck Kielyacht.

Was ist der Unterschied zwischen einem »Kielboot« und einer »Jolle«?

Ein Kielboot ist normalerweise (d.h. richtig konstruiert mit genügend Ballastanteil und Extremverhältnisse außer Acht lassend) unkenterbar bzw. nur kurzfristig kenterbar, aber je nach Bauart auch mal sinkbar. Eine Jolle kann kentern, sinkt aber nicht. Man bezeichnet sie wegen ihrer verhältnismäßig breiten Rumpfform als *formstabil*.
Kielboote tragen unter dem Rumpf als seitlichen Widerstand die fest angebrachte Kielflosse, die mit einem tief liegenden Ballast versehen ist. Dadurch liegt der Gewichtsschwerpunkt tiefer als bei Jollen und beeinflusst stark die Stabilität (*Gewichtsstabilität*).
Je mehr sich eine Yacht zur Seite neigt (*krängt*), umso größer wirkt die aufrichtende Kraft (es ergibt sich eine große Endstabilität). Es ist zwar beruhigend, nicht in Jollenart kentern zu können, aber andererseits ist eine Yacht oft sinkbar, wenn man sie »vollgesegelt« hat oder wenn sie aus einem anderen Grund vollgelaufen ist.
Jollen sind im Allgemeinen kleiner als die Yachten und haben ein aufziehbares Schwert. Der Vorteil ist, dass man flache Stellen passieren und auch an jedem Steg anlegen kann. Ihre Stabilität (*Formstabilität*) ist zunächst verhältnismäßig groß, sie nimmt aber bei stärkerer Krängung schnell ab, und es kann zum Kentern kommen, da der Gewichtsschwerpunkt deutlich höher als bei Kielyachten liegt.

Was versteht man unter »Kielschwerter«, »Kimmkieler«, »Doppelkieler«, »Hubkieler«?

Kielschwerter sind Yachten mit einer weniger tief reichenden Kielflosse und zusätzlichem Schwert. Der Vorteil dieses Typs, der häufig auf Binnengewässern und im Küstenbereich gesegelt wird, ist der geringere Tiefgang bei aufgeholtem Schwert. (Abb. nächste Seite.)
Bei Kimmkielern handelt es sich um Yachten mit zwei Kielplatten auf beiden Seiten in Höhe der Kimmrundung, entweder zusätzlich zu einem Mittelkiel (= Dreikieler) oder ohne Mittelkiel (= Doppelkieler). Dadurch kann das Boot stehen, man kann es also z.B. bei Niedrigwasser in Gezeitenrevieren trockenfallen lassen. Bei *Hubkielern* ist die Kielflosse ähnlich dem Schwert einer Jolle aufholbar.

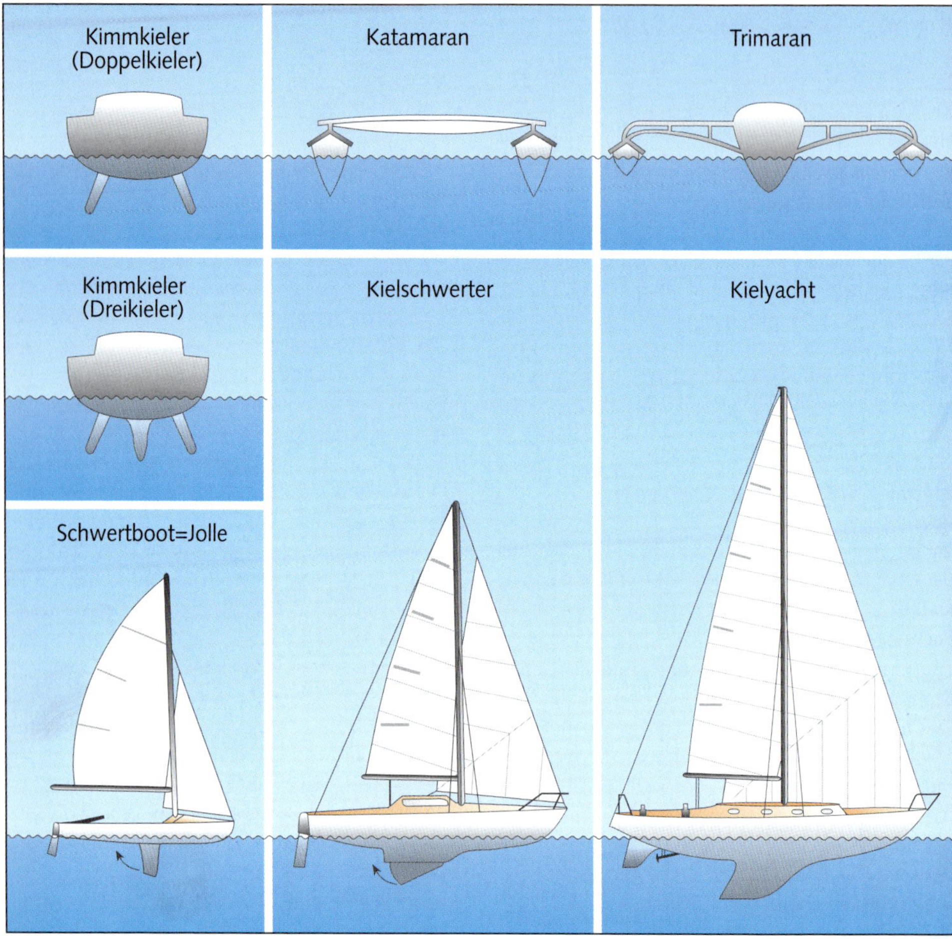

Was versteht man unter »Katamaran«, »Trimaran«, »Ballastschwerter«, »Backdecker«, »Flushdecker«?

Katamarane bestehen aus zwei schmalen Bootsrümpfen, die durch eine frei über dem Wasser liegende Brückenkonstruktion verbunden sind.

Trimarane sind Dreirumpfboote, bei denen der tiefer reichende und größere Mittelrumpf durch zwei auslegerähnliche Schwimmkörper beidseitig abgestützt wird. Sie spielen besonders bei Geschwindigkeitsrekorden im Hochseebereich eine Rolle.

Der *Ballastschwerter* stellt eine Art Mischtyp dar, eine größere Jolle mit einem schweren Schwert, das durch sein Gewicht Kenterungen erschweren soll.

Backdecker ist eine Kielyacht, bei der sich das Kajütdach über den ganzen Vorschiffbereich erstreckt. Bei einem *Flushdecker* (auch Glattdecker) fehlt der Kajütaufbau, und das Deck liegt überall auf gleicher Ebene. (Fotos S. 9.)

Was ist ein »Kreuzer«?

Eine Segelyacht (auch Motoryacht), die für Kreuzfahrten (Reisen = Törns) bestimmt ist. Häufiger verwendet man den Begriff *Fahrtenyacht*. Typisch ist der Kajütaufbau zum Wohnen.

Der Kajütaufbau zum Wohnen ist typisch beim Kreuzer. Die orange Yacht im Vordergrund ist ein Backdecker.

Ein Flushdecker. Viele der heutigen Hochsee-Rennyachten sind so gebaut.

Was ist ein »offenes Kielboot«?

Ein Kielboot, bei dem überhaupt keine Kajüte vorhanden ist, z.B. Star, Dyas oder Soling.

Welche »Materialien« sind im Bootsbau gebräuchlich?

Formverleimtes Sperrholz, glasfaserverstärkter Kunststoff (GFK), Stahl, Aluminium, Vollholz und seltener Stahlbeton (Ferrozement). Während früher die Vollholzbauweise im Vordergrund stand, beherrscht heute der Kunststoff den Bootsbau.

Welche »Beplankungsarten« findet man im Bootsbau mit Vollholz?

Man findet vier Hauptbeplankungsarten: die *Klinkerbauweise,* die *Karweelbauweise,* die *Diagonalkarweelbauweise* (Abart: Doppeldiagonalkarweel) und die *Nahtspantbauweise.*
Die zwischen den einzelnen Planken in Längsrichtung verlaufenden Fugen bzw. Nahtstellen nennt man *Nähte*, die senkrechten Nahtstellen dagegen *Stöße*. (Abb. unten.)

Erläutern Sie kurz die »Vollholzbauweise« und nennen Sie dabei die wichtigsten Fachausdrücke!

Bei der Vollholzbauweise wird ein Gerippe, gebildet aus den Längs- und Querverbindungen, mit einzelnen Holzbrettern, genannt *Planken,* versehen.
Grundlage und Rückgrat bildet der *Kiel* mit

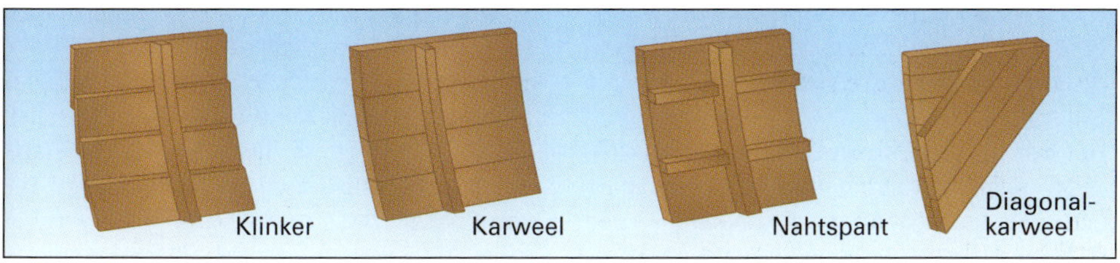

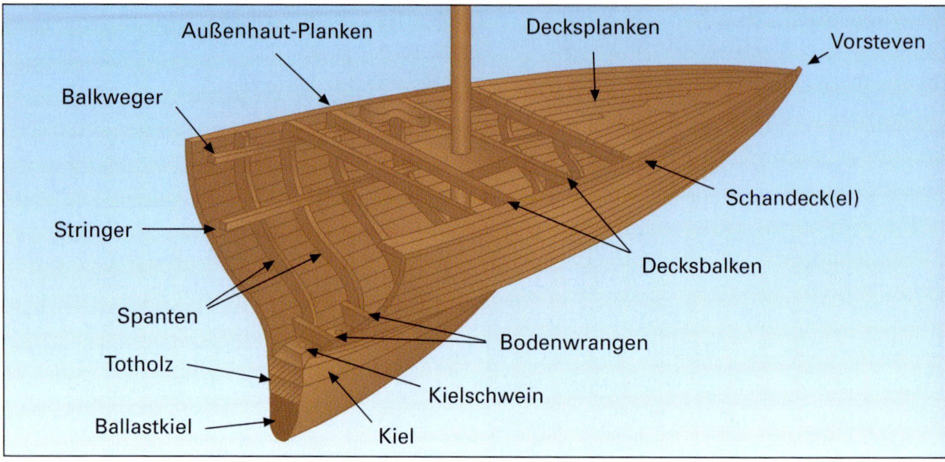

Vor- und Achtersteven. Bei Kielyachten wird unter diesem genannten Kiel die *Kielflosse* mit dem Ballast angebolzt. Als eine Art Rippen sitzen am Kiel dann die *Spanten,* die am Boden durch die *Bodenwrangen* verbunden werden. Oft sitzt auf dem Kiel oben noch ein Verstärkungsbalken, der *Kielschwein* genannt wird.

Die Versteifung in Längsrichtung wird durch die *Stringer,* die die Spanten verbinden, erreicht. Der oberste Stringer, der gleichzeitig Auflage ist für die *Decksbalken,* heißt *Balkweger.*

Die auf den Decksbalken sitzenden Planken heißen *Decksplanken,* die äußersten Decksplanken werden speziell *Schandeck* oder auch *Schandeckel* genannt.

Der Rumpf kann noch durch Querwände (*Schotte*) unterteilt und hinten am Heck durch eine Platte (*Spiegel*) abgeschlossen werden.

Beschreiben Sie die wichtigsten Vorgänge bei der »Kunststoffbauweise«!

Bei der Kunststoffbauweise verwendet man glasfaserverstärktes Polyesterharz (abgekürzt GFK), das vorwiegend im so genannten *Handauflegeverfahren* verarbeitet wird. In eine glatte Negativform wird hierbei nach dem Auftragen eines Trennmittels zunächst eine Feinschicht, genannt Gelcoat (die künftige Außenhaut), eingebracht, eine dünne, mit Pigmenten und Farbstoffen angereicherte Polyesterharzschicht. Nach Härtung dieser Schicht werden verschiedene Lagen von Glasseideneinlagen (Glasmatten bzw. das zugfestere Rovinggewebe) in aufgetragenes Polyesterharz eingebettet, bis die gewünschte Dicke des Bootskörpers erreicht ist. Anschließend muss dieser Aufbau in Schichten, *Laminat* genannt, aushärten. Das getrennt hergestellte Deck wird mit der Schale verklebt. Ein Bauverfahren, bei dem eine Hartschaumschicht zwischen zwei GFK-Laminaten liegt, nennt man *Sandwich-Bauweise.* Boote dieser Art zeichnen sich aus durch eine hohe Biegesteifigkeit.

Das Problem dabei: Weisen die Laminate kleine Risse auf, so dringt nicht mehr lenzbares Wasser in die Schaumschicht.

Was versteht man unter einer »Spantform«?

Die Querschnittsform eines Bootsrumpfes, die verschiedenartig (rund, eckig usw.) ausgeführt sein kann.

Nennen Sie die gebräuchlichsten »Spantformen« und geben Sie einige Beispiele dazu!

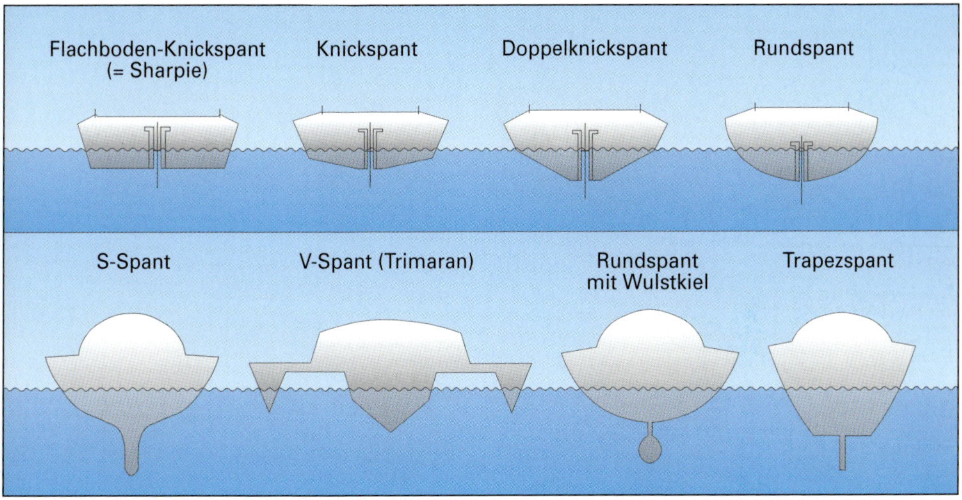

Sharpie (Flachboden-Knickspant als einfachste Form), *Knickspant, Doppelknickspant, Rundspant, S-Spant, Trapezspant* und *V-Spant.*
In Sharpieform zeigen sich z. B. der Optimist oder die Vaurienjolle, typische Knickspanter sind z. B. der Pirat oder der Star. Jollen, wie z. B. der Korsar, besitzen eine Rundspantform, und Vertreter der S-Spantform sind z. B. der Drachen oder das Nordische Folkeboot.
Eine moderne Spantform von manchen Hochseerennyachten ist das Trapezspant.
Eine breite Spantform (z. B. Knickspant) gibt einem Boot eine größere Formstabilität (Anfangsstabilität). Man sagt in diesem Falle: Das Boot ist steif. Eine schlanke Spantform führt zu einer geringeren Anfangsstabilität, das Boot ist rank, es krängt schneller, dafür verhält es sich im Seegang weicher als ein steifes Schiff.

Was ist ein »Vorsteven« und welche Formen kennen Sie?

Der vorderste Abschluss des Buges ist der *Vorsteven*, der verschiedenartig geformt sein kann. Der besonders bei Jollen vorherrschende *gerade Steven* setzt tief in die Wellen ein, da ein zusätzlicher Auftrieb fehlt. Typisch für Kielyachten ist der *Yachtsteven*, auch *Löffelbug* genannt, der mehr oder weniger weit überhängt. Bei Hochseeyachten ist der Bug sogar oft ziemlich gerade, also nicht mehr überhängend, um die volle Wasserlinienlänge auszunutzen (»Länge läuft«). Ein starker, konventioneller Überhang setzt hart auf die Wellen und neigt zu starkem Spritzen. Der mäßigere Überhang moderner Yachten gibt dem Boot eine Zusatz-Auftriebsreserve und verlängert bei *Krängung* (Seitenlage) die Wasserlinie, was im Hinblick auf die zu erreichende Rumpfgeschwindigkeit von Bedeutung ist. Ausgefallenere Bugformen sind der *Klippersteven* und der vorne mit einem Spiegel versehene *Prahmsteven*. (Abb. nächste Seite.)

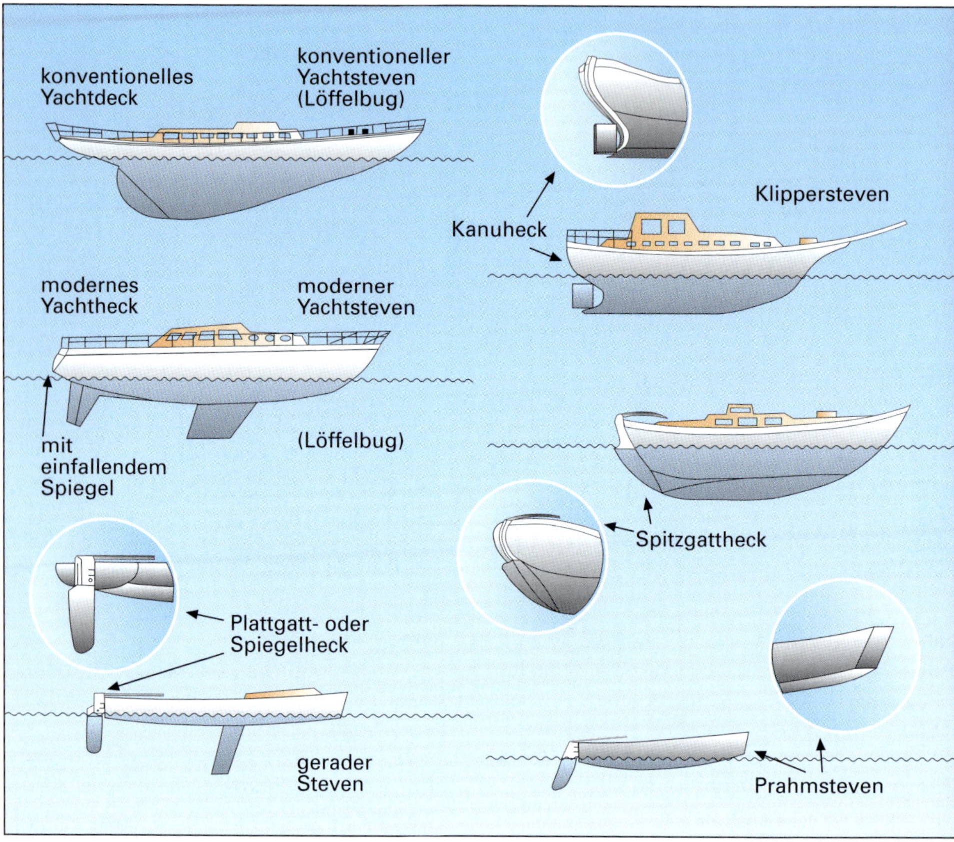

Welche »Heckformen« sind beim Bootsbau gebräuchlich?

Man unterscheidet das mehr oder weniger überhängende *Yachtheck*, das für Jollen typische *Plattgatt-* oder *Spiegelheck*, das spitz endende und darunter mit dem Ruder versehene *Kanuheck* und das ebenfalls spitz endende und Ruder tragende *Spitzgattheck*. Die senkrecht stehende oder auch geneigte Abschlussplatte wird *Spiegel* genannt. Das moderne Yachtheck ist abgeschnitten, also nicht mehr weit überhängend, und es ist oft mit einem kleinen, meist nach einwärts geneigten Spiegel oder einer Badeplattform versehen.

Geben Sie die wichtigsten Erläuterungen zum Thema »Lateralplan«!

Die von der Seite gesehene Fläche des Unterwasserschiffes, die dem Abtreiben (*Abdrift*) entgegenwirkt, ist der *Lateralplan*. Ein wesentlicher Teil des Lateralplanes besteht bei Jollen aus dem Schwert, bei Kielyachten aus der Kielflosse. Bei Kielyachten kann die Lateralplanform sehr unterschiedlich sein. So gibt es einen lang gestreckten Lateralplan und mehr oder weniger stark beschnittene Lateralpläne. Ein lang gestreckter Lateralplan bewirkt eine gute Kursstabilität und ist für eine solide Fahrtenyacht wünschenswert. Der

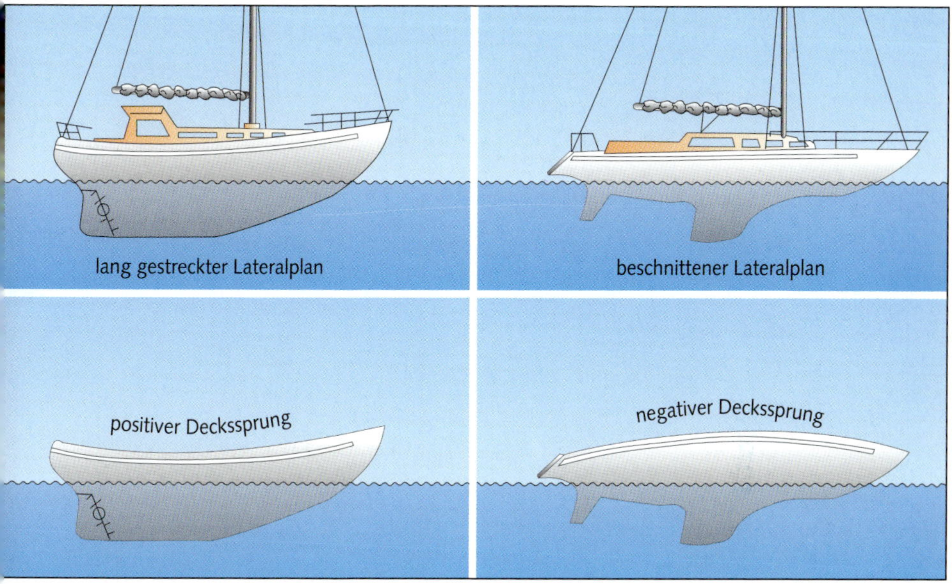

höhere Reibungswiderstand geht allerdings auf Kosten der Geschwindigkeit. Schnelle Rennyachten sind heute mit deutlich beschnittenen Lateralplänen konstruiert.

Was ist ein »Deckssprung«?

Die Kurve des Decks in Längsrichtung. Diese kann konkav sein, d. h., der tiefste Punkt liegt in der Mitte, das Deck steigt jeweils zum Bug und zum Heck hin an, genannt *positiver Deckssprung*. Umgekehrt: *negativer Deckssprung*.

Erklären Sie kurz die untere Befestigung eines »Mastes« im Boot!

Ein Mast steht mit seinem *Mastfuß* in der auf dem *Kielschwein* befindlichen *Mastspur*. Das Kielschwein ist eine auf dem Kiel liegende Verstärkungsplanke. Die *Mastspur* ist bei modernen Jollen meist so angelegt, dass der Mast zu Trimmzwecken nach vorne und achtern verrutscht werden kann (Schiene).

Der Mast kann auch an Deck (z. B. in einer Kerbschiene) oder auf dem Kajütdach stehen, was natürlich nur gutgehen kann, wenn eine entsprechende Verstärkung eingebaut ist.

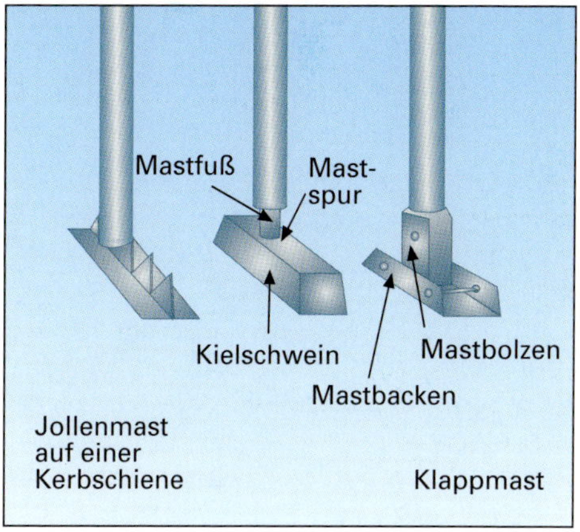

Wie wird der »Mast« an Bord abgestützt?

Wir unterscheiden die *Wanten*, die von der Seite des Bootskörpers in Richtung Mastspitze

weiter auf S. 15

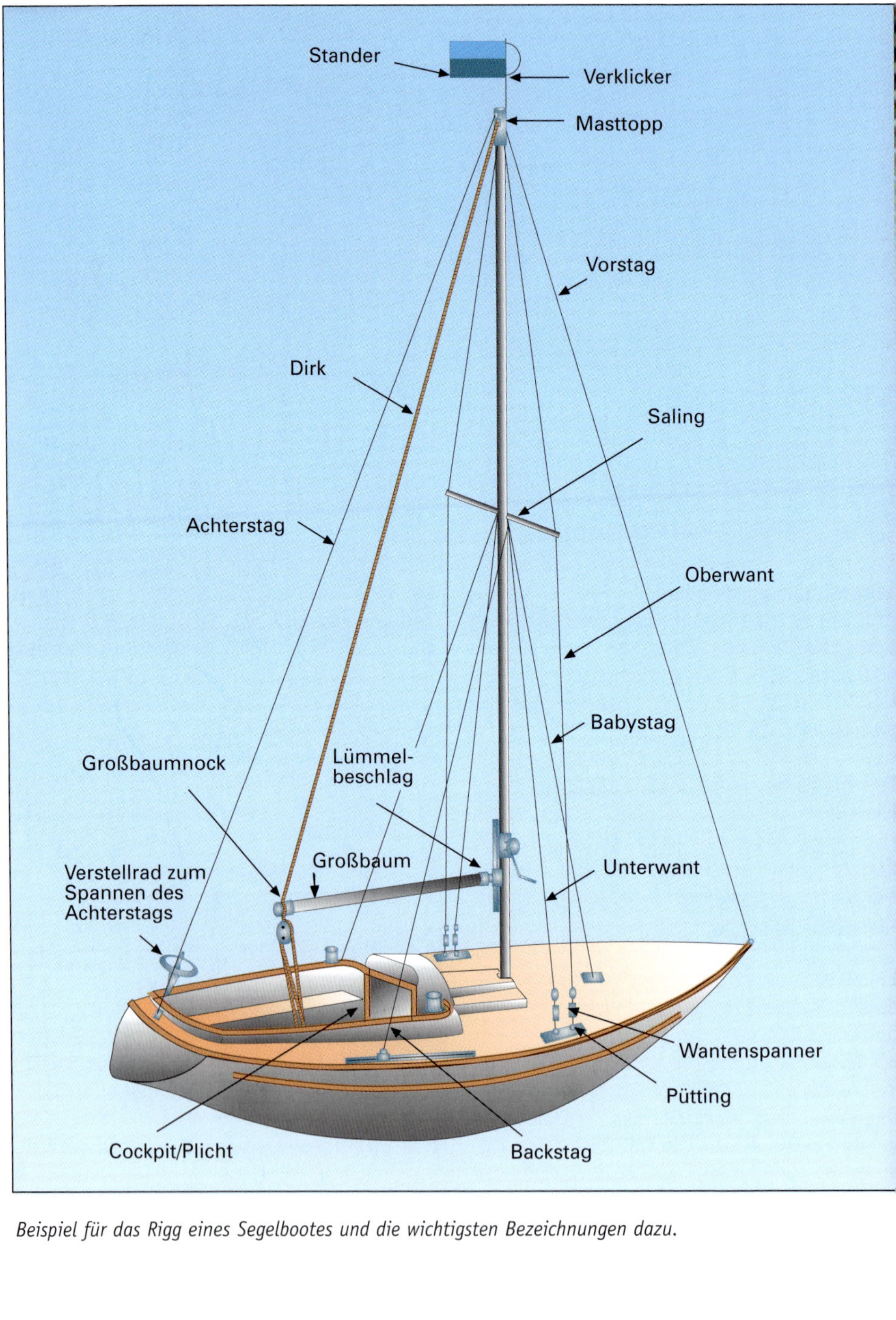

Beispiel für das Rigg eines Segelbootes und die wichtigsten Bezeichnungen dazu.

ziehen (Steuerbord- und Backbord-Want) und die *Stagen*, die vom Bug (*Vorstag*) bzw. Heck (*Achterstag*) in Richtung Mastspitze ziehen. Je größer das Boot und der Mast sind, umso umfangreicher ist diese Verspannung durch Wanten und Stagen (*Oberwanten, Unterwanten, Babystag, Backstagen* usw.). Kleine Boote tragen in der Regel nur je ein Steuerbord- und Backbord-Want und ein Vorstag. Die kleinen Einmannboote (*Einhandboote*) Finn-Dinghy oder Laser besitzen sogar überhaupt keine Verspannung für den außergewöhnlich elastischen Mast.

Was ist eine »Saling«?

Als Saling bezeichnet man die am Mast quer beidseitig angebrachte kurze Stange, die die vom Masttopp herabführenden Wanten abspreizt, um eine bessere Mastverspannung zu bewirken. Yachten haben immer eine Saling, sehr oft aber auch Jollen.

Was ist ein »Pütting«?

Ein Beschlag (Rüsteisen) an jeder Bootsseite, an dem die Wanten mittels *Wantenspanner* oder *Wantenhänger* befestigt sind. Wegen der starken Belastung ist eine gute Verankerung wichtig.

Erklären Sie die folgenden Begriffe: »Dirk«, »Großbaumnock«, »Masttopp«, »Lümmelbeschlag«!

Eine *Dirk* ist eine Leine, die über eine Rolle an der Mastspitze (*Masttopp*) zum Ende des Großbaumes (*Großbaumnock*) verläuft und das Gewicht des Baumes beim Segelbergen oder Reffen trägt.
Der *Lümmelbeschlag* ist das Verbindungsgelenk zwischen Mast und Großbaum. Das Anheben des Großbaumes (bei kleineren Booten ohne Dirk mit der Hand) heißt *Andirken*.

Ein solches Hochheben des Großbaumes nennt man Andirken (nicht möglich, wenn ein Großbaumniederholer gespannt ist).

Was bedeutet der Ausdruck »Rigg«, und welches andere Wort kennen Sie dafür?

Ein anderer, für Jollen und Yachten eher ungebräuchlicher Ausdruck für Rigg ist *Takelage*. Es handelt sich dabei um alle Einrichtungen an Bord für die Segel, und zwar um Mast und Spieren, ferner die Abstützung des Mastes (*stehendes Gut*), die Ausrüstung zum Bedienen der Segel (*laufendes Gut*).
Manche Fachleute und die Segelsurfer rechnen auch noch die Segel selbst zum Rigg.

Was ist »stehendes Gut« und »laufendes Gut«?

Die Verspannung des Mastes bezeichnet man als das *stehende Gut*. Also alle Wanten und Stagen, die fest bleiben. Das *laufende Gut* dagegen ist das bewegliche Tauwerk an Bord, also alle Fallen und Schoten (Großfall, Fockfall, Schwertfall, Ruderfall, Großschot, Fockschot).

Aus welchen Teilen besteht die »Ruderanlage« bei einer Jolle?

Pinne, Pinnenausleger, Ruderkopf, Ruderschaft, Ruderblatt, dazu bei absenkbarem Ruder (Senkruder) Ruderfall bzw. Aufholer und Niederholer. (Abb. unten.)

Welche verschiedenen Arten der »Anbringung des Ruders« gibt es bei Kielyachten?

Wir unterscheiden zwischen Festruder, Schweberuder und Halbschweberuder. Ein *Festruder* ist an einer Leitfläche (Langkiel oder Ruderleitfläche, genannt *Skeg*) oben und unten solide gelagert und dabei gegen Fremdkörper von vorne und gegen Grundberührung geschützt. Gelegentlich sitzt so ein Festruder auch am Heck einer Yacht.
Ein *Schweberuder* ist freistehend und ungeschützt nur oben gelagert. Man trifft es häufig an. Sehr oft sind solche Schweberuder als *Balanceruder* (auch: *Spatenruder*) ausgeführt, wobei ein Teil der Ruderfläche in der gesamten Schaftlänge vor der Drehachse liegt (das bedeutet weniger Kraftaufwand beim Ruderlegen).
Ein Kompromiss zwischen Fest- und Schweberuder ist ein *Halbschweberuder*, das oben und etwa in der Mitte (oft auch im oberen Viertel) gelagert ist und mit der unteren Hälfte frei steht. (Abb. nächste Seite.)

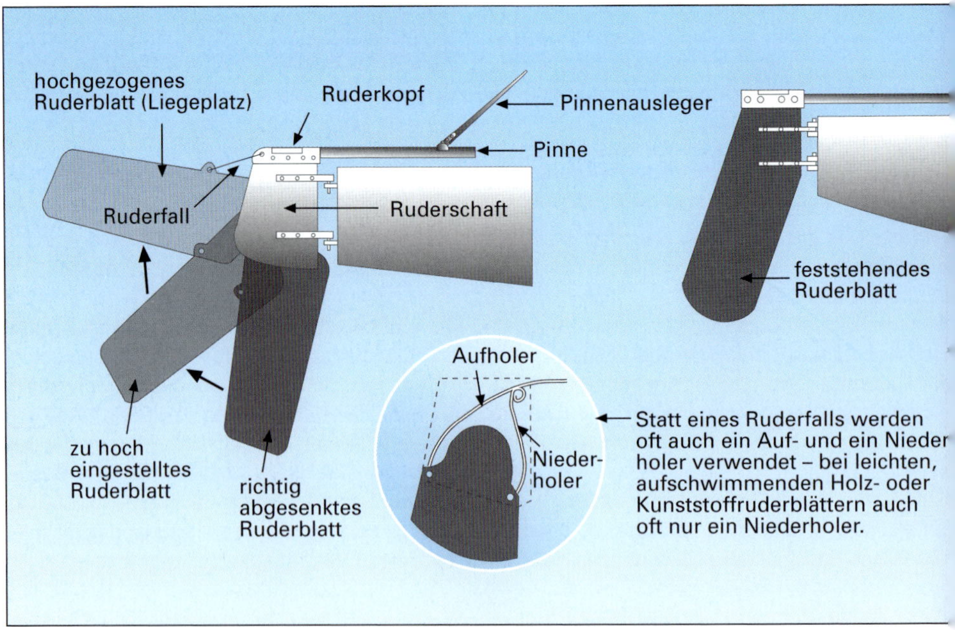

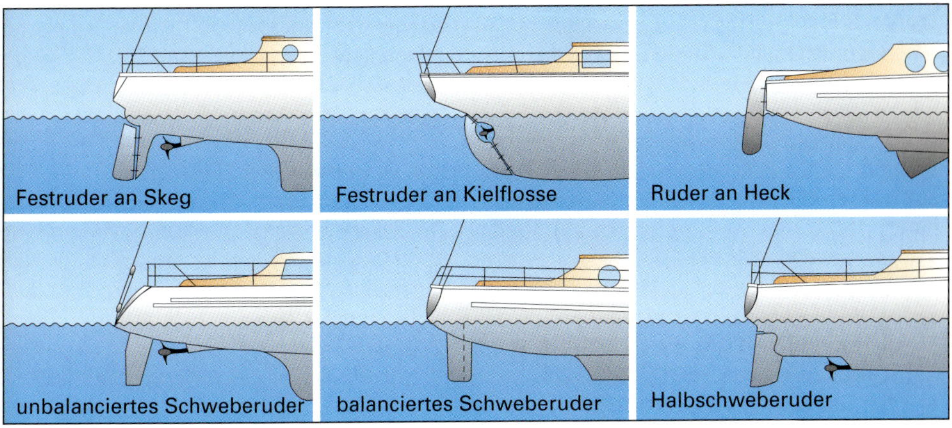

Erklären Sie die folgenden Begriffe: »Überhang«, »Wasserlinie«, »Konstruktionswasserlinie«, »Länge Wasserlinie«, »Freibord«, »Länge über alles«, »Breite über alles«!

Die über das Wasser ragenden Teile von Bug und Heck nennt man *Überhang*. Das Boot selbst schwimmt auf seiner *Wasserlinie* (WL), wobei die vom Konstrukteur errechnete Wasserlinie, die geringfügig abweichen kann, *Konstruktionswasserlinie* (CWL) genannt wird. Die Länge des Bootes ohne Überhänge ist die *Länge Wasserlinie* (LWL), die für die erreichbare Rumpfgeschwindigkeit Bedeutung hat. Die Wasserlinie trennt *Über-* und *Unterwasserschiff*, die Höhe des Überwasserschiffes vom Deck bis zur Wasserlinie ist der *Freibord*. Als *Länge über alles* (Lüa) wird die Gesamtlänge einschließlich der Überhänge bezeichnet, als *Breite über alles* (Büa) die Gesamtbreite.

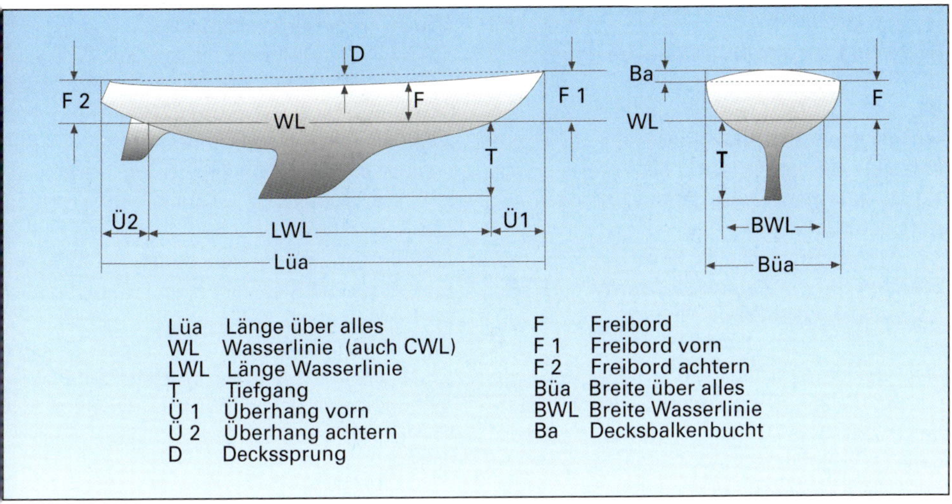

Stellen Sie den Unterschied zwischen »Senkschwert« und »Steckschwert« bei einer Jolle dar!

Ein Jollenschwert ist entweder als *Senkschwert* schwenkbar gelagert (bedient durch ein *Schwertfall* bzw. durch *Auf-* und *Niederholer*) oder bei sehr einfachen Jollen, Jüngsten- oder Mehrzweckbooten als *Steckschwert* nur in einen schmalen Schwertkasten zu stecken. Das Senkschwert hat einen deutlichen Vorteil: Läuft die Jolle auf Grund, schwenkt das Schwert von selbst zurück, und es kann sich kein Schaden ergeben.

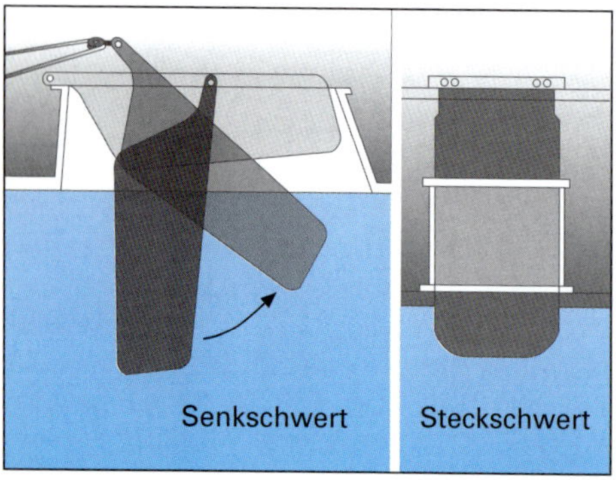

Was bedeutet der Ausdruck »Beschlag«?

Die mit dem Bootsrumpf und der Takelage verbundenen Ausrüstungsteile, die zur Handhabung des Bootes dienen. *Beschläge* sind aus Metall, Kunststoff und selten auch noch aus Holz gefertigt.

Erklären Sie die folgenden Begriffe: »Süll«, »Stander«, »Verklicker«!

Süll ist eine senkrechte, Wasser abweisende Planke, z. B. der Cockpitrand, der vor Lauf- und Spritzwasser schützt (auch *Waschbord* genannt). Beim Stander handelt es sich um eine kleine Flagge (oft Clubflagge, Clubstander); er wird im Topp (Spitze) des Mastes gefahren und ist an einem *Verklicker* befestigt, einer Drehvorrichtung, die den Wind (bei Fahrt den scheinbaren Wind) anzeigt.

Was ist ein »Bullenstander«?

Ein *Bullenstander* ist eine Leine, die von der Baumnock nach vorne geführt wird, um auf Vorwindkurs bei starkem Seegang ein Überschlagen des Baumes zu verhindern.

Welche wichtigen Beschläge kennen Sie?

Block: Er besteht aus einem Gehäuse und einer Rolle. Durch ihn läuft eine Leine, um die Zugrichtung zu verändern. Die gebräuchlichsten Blöcke sind Einscheiben- oder Zweischeibenblöcke, die meist aus Metall, Kunststoff oder Holz bestehen. Hochwertige Blöcke sind kugelgelagert.
Klampen: Sie dienen zum Belegen der Fallen und Schoten.
Klemmen: Diese Beschläge, die es mit und ohne Leitösen gibt, sind von modernen Regattabooten zum Festkneifen von Schoten, Spinnakerfall, Schwertfall usw. nicht mehr wegzudenken (die gebräuchlichsten: *Curryklemmen, Kammklemmen*).
Schäkel: Diese kleinen Bügel mit Schraubbolzen aus Eisen, Messing oder rostfreiem Stahl gibt es in verschiedenen Ausführungsarten und Größen. Man verwendet sie, um alle möglichen Teile miteinander zu verbinden, z. B. die Fallen mit dem Kopf des entsprechenden Segels.
Klüsen oder *Lippen*: Man findet sie z. B. am Bug eines Schiffes, um durch diese Leinen oder Ankerketten zu führen.
Es gibt natürlich noch eine Menge weiterer Beschläge wie Leitösen, spezielle Spinnaker-Achterholerhaken, Lenzventile, Hebelstrecker, Wantenspanner und -hänger. (Abb. nächste Seite.)

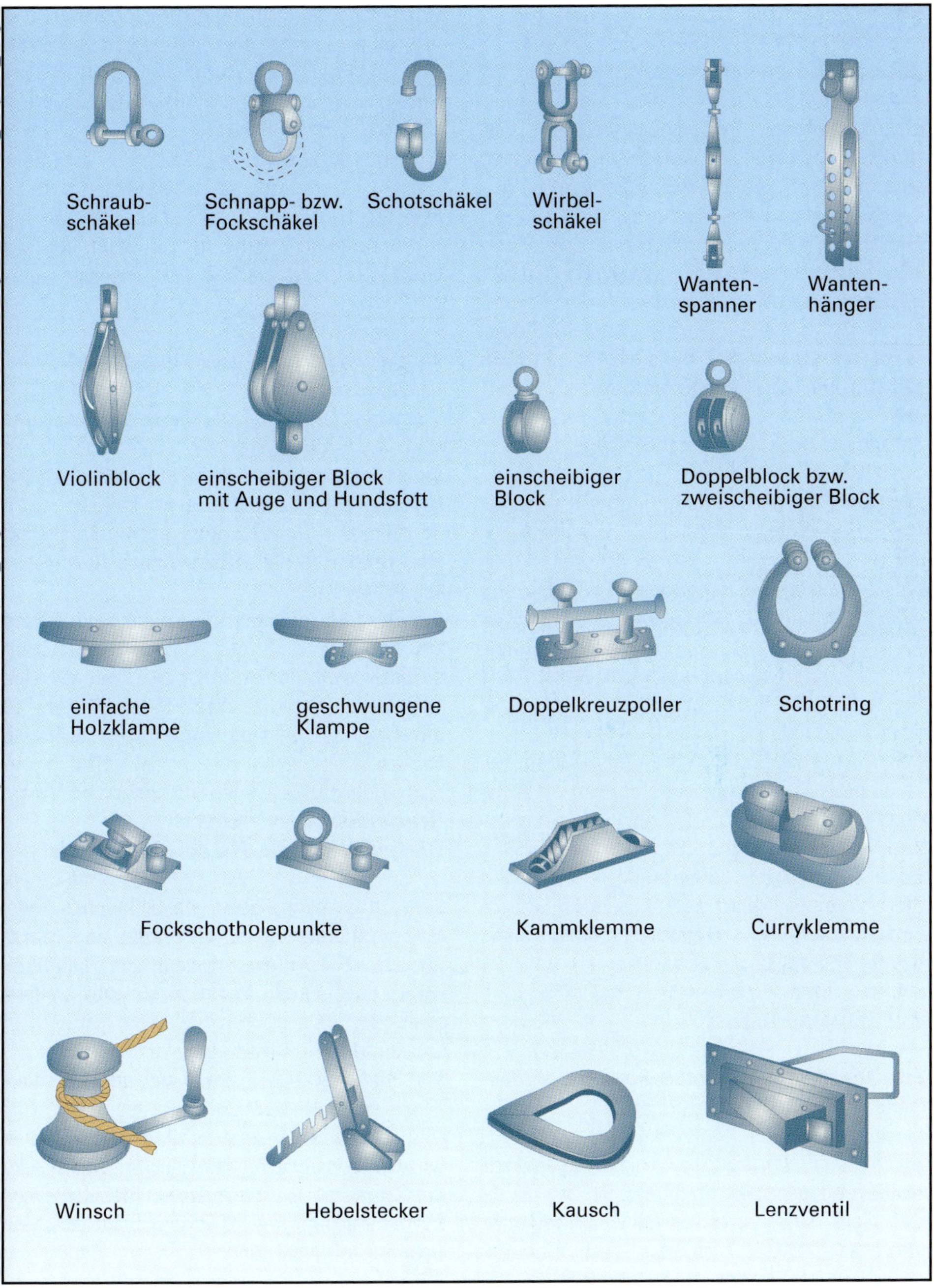
Schraubschäkel
Schnapp- bzw. Fockschäkel
Schotschäkel
Wirbelschäkel
Wantenspanner
Wantenhänger
Violinblock
einscheibiger Block mit Auge und Hundsfott
einscheibiger Block
Doppelblock bzw. zweischeibiger Block
einfache Holzklampe
geschwungene Klampe
Doppelkreuzpoller
Schotring
Fockschotholepunkte
Kammklemme
Curryklemme
Winsch
Hebelstecker
Kausch
Lenzventil

Was ist ein »Stagreiter«?

Bei manchen Booten tragen die Vorsegel am Vorliek (vordere Kante) kleine Haken, die oft einen federnden Bolzen besitzen und aus Nirosta, Bronze oder Kunststoff hergestellt sind. Ein mit *Stagreitern* ausgerüstetes Vorsegel wird damit am Vorstag befestigt.

Was sind bei einem Bootsrumpf die »Plicht« und die »Bilge«?

Plicht ist ein anderer Ausdruck für Cockpit, also für den Aufenthaltsraum der Mannschaft (bei Kajütbooten nur die hinter dem Kajütaufbau ins Deck eingebrachte Vertiefung).
Zwischen dem Fußboden und dem Kiel befindet sich der tiefste Raum im Boot, die *Bilge* (sprich: »Bilsch«).

Was bedeuten die folgenden Begriffe: »Keep«, »Ducht«, »Dolle«?

Keep bedeutet so viel wie Rille, Kerbe, Nut. Die Nut eines Mastes oder Großbaumes wäre z. B. eine Keep.
Ducht ist eine Sitzbank in einem Boot, die längs oder quer angeordnet sein kann (Längsducht, Querducht).
Ein Beiboot hat zum Einlegen der beiden Ruder (*Riemen*) als gabelförmige Halterungen die *Dollen* aus Metall oder Kunststoff, die in Löcher im *Dollbord* (verstärkter oberer Rand des Beibootes) gesteckt werden.

Was ist eine »Talje«?

Eine Kombination von Blöcken, durch die Tauwerk läuft (Flaschenzugsystem). Die bekannteste Talje ist die Großschot, die manchmal durch den *Schotring* (bzw. *Schotwagen*) mit dem Großbaum verbunden wird.
Bei einer Talje unterscheidet man folgende Teile: *Läufer* bzw. *laufende Part* (Tauwerk zwischen den Blöcken), *stehende Part* (das an

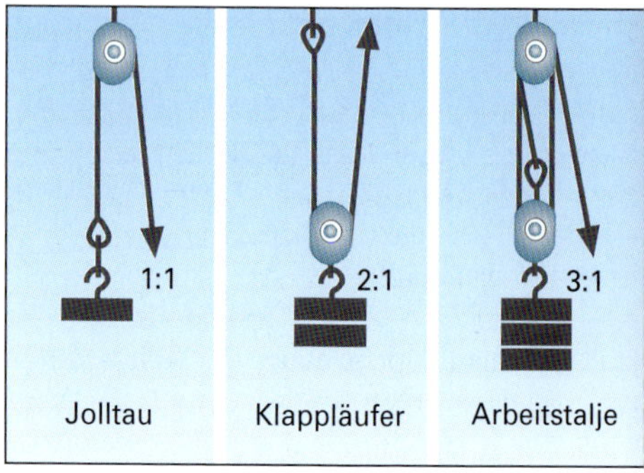

Beispiele: Jolltau (nur Umlenkung), Klappläufer und Arbeitstalje (doppelte bzw. dreifache Last).

einem festen Punkt angreifende Tauwerk) und *holende Part* (woran gezogen wird).

Was verstehen Sie unter »Takelung«?

Bei *Takelung* handelt es sich um das Prinzip der Takelage bzw. des Riggs. Man versteht darunter also die Art und Weise, wie das Rigg aufgebaut ist und arbeitet. Eine Rolle spielen dabei der Typ und die Anzahl der Segel und Masten.

Nennen Sie die wichtigsten »Takelungsarten« und deren Merkmale!

Je nach Gruppierung der verschiedenen Segel unterscheiden wir einige Arten von Takelungen. Drei dieser Takelungen benutzen dabei jeweils nur einen Mast, drei weitere zwei bzw. mehr Masten (vgl. Abb. Seite 22).
Die einfachste Takelung bezeichnet man als *Kat*. Sie hat nur ein Großsegel und kein Vorsegel (z. B. Finn-Dinghy, Laser). Wird zum Großsegel ein Vorsegel gefahren, so sprechen wir von *Slup-Takelung*. Hat das Boot zwei oder drei Vorsegel, so handelt es sich um einen *Kutter*. Merkmal des klassischen Kutters sind neben Großsegel und Fock ein *Klüver*, ein *Flieger* und ein *Toppsegel*. Bei größeren Yach-

ten finden wir oft zweimastige Takelungen. Die Bezeichnung dieser Boote richtet sich nach Größe und Stellung des achterlichen Mastes. Ist dieser Mast kleiner als der Großmast – man nennt ihn dann *Besan* – und steht er innerhalb der Konstruktionswasserlinie bzw. vor dem Ruder, so handelt es sich um eine *Ketsch-Takelung*. Ist dieser Mast noch kleiner – man spricht dann von *Treibermast* – und steht er außerhalb der Konstruktionswasserlinie bzw. hinter dem Ruder, so ist es eine *Yawl-Takelung*.

Ist der achterliche Mast größer als der vordere, so hat man einen *Schoner* vor sich. Schoner, die in seltenen Fällen auch drei Masten tragen können, sind im heutigen Yachtsport kaum noch anzutreffen.

Nennen Sie die drei »Ecken« und »Seiten« eines Segels!

Die drei Ecken sind *Kopf* (oben), *Hals* (vorne unten beim Mast) und *Schothorn* (achtern). Die drei Seiten bezeichnet man jeweils als *Liek*: Vorne beim Mast haben wir das *Vorliek*, unten beim Großbaum das *Unterliek*. Vor- und Unterliek sind durch das *Liektau* verstärkt und können so in die Nut von Mast bzw. Großbaum eingeführt werden. Die achterliche Segelseite mit den Lattentaschen nennt man *Achterliek*.

Welche »Einrichtungen« muss ein mittels Bindereff reffbares Großsegel besitzen?

Ist das Großsegel für ein Bindereff vorgesehen (meist bei Fahrten- und Hochseerennyachten), so sind z. B. zwei Reihen von so genannten *Reffgatchen* eingepresst, durch welche dann *Reffbändsel* geführt werden. Das erste und letzte und jeweils stärker ausgeführte Reffgatchen an Vor- und Achterliek nennt man *Reffkausch*.

Beim Reffen selbst wird zunächst das Großfall so weit gefiert, bis die gewünschte vordere Reffkausch vorne am Großbaum eingehakt wird. Dann setzt man wieder durch. Anschließend wird die achtere Reffleine durchgeholt (über Umlenkrolle nach vorne gezogen und belegt). Während jetzt das Großsegel wieder benutzbar wird, bindet man das lose Tuch unter dem Großbaum mithilfe der Reffbändsel ein.

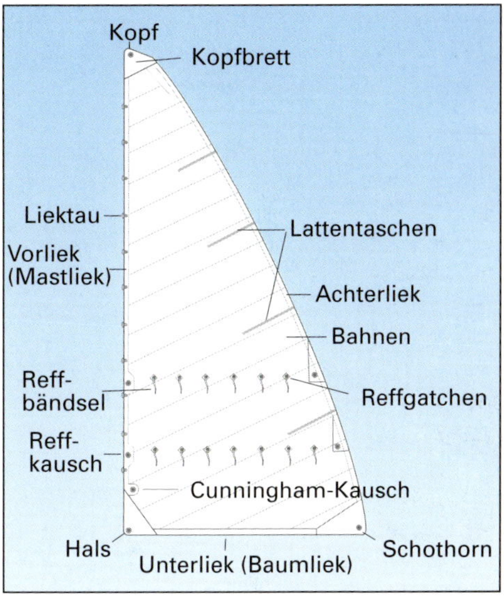

Erklären Sie folgende Einrichtungen im Zusammenhang mit dem Großsegel: »Halsstrecker« und »Cunningham-System«!

Ein aus einer kürzeren Leine oder einer Streckertalje bestehender *Halsstrecker* (*Halstalje*), der nicht unbedingt auf jedem Segelboottyp zu finden ist, ermöglicht durch das Herunterziehen des Großbaumes beim Lümmelbeschlag ein Strecken des Großsegel-Vorlieks. Moderne Boote haben für die Regulierung der Großsegel-Vorliekspannung statt des Halsstreckers (bzw. zusätzlich) das *Cunningham-System*. Hier ist über der Kausch des Segelhalses die so genannte *Cunningham-Kausch* angebracht (siehe Abbildung), durch die eine Streckertalje läuft. Dadurch kann die Cunning-

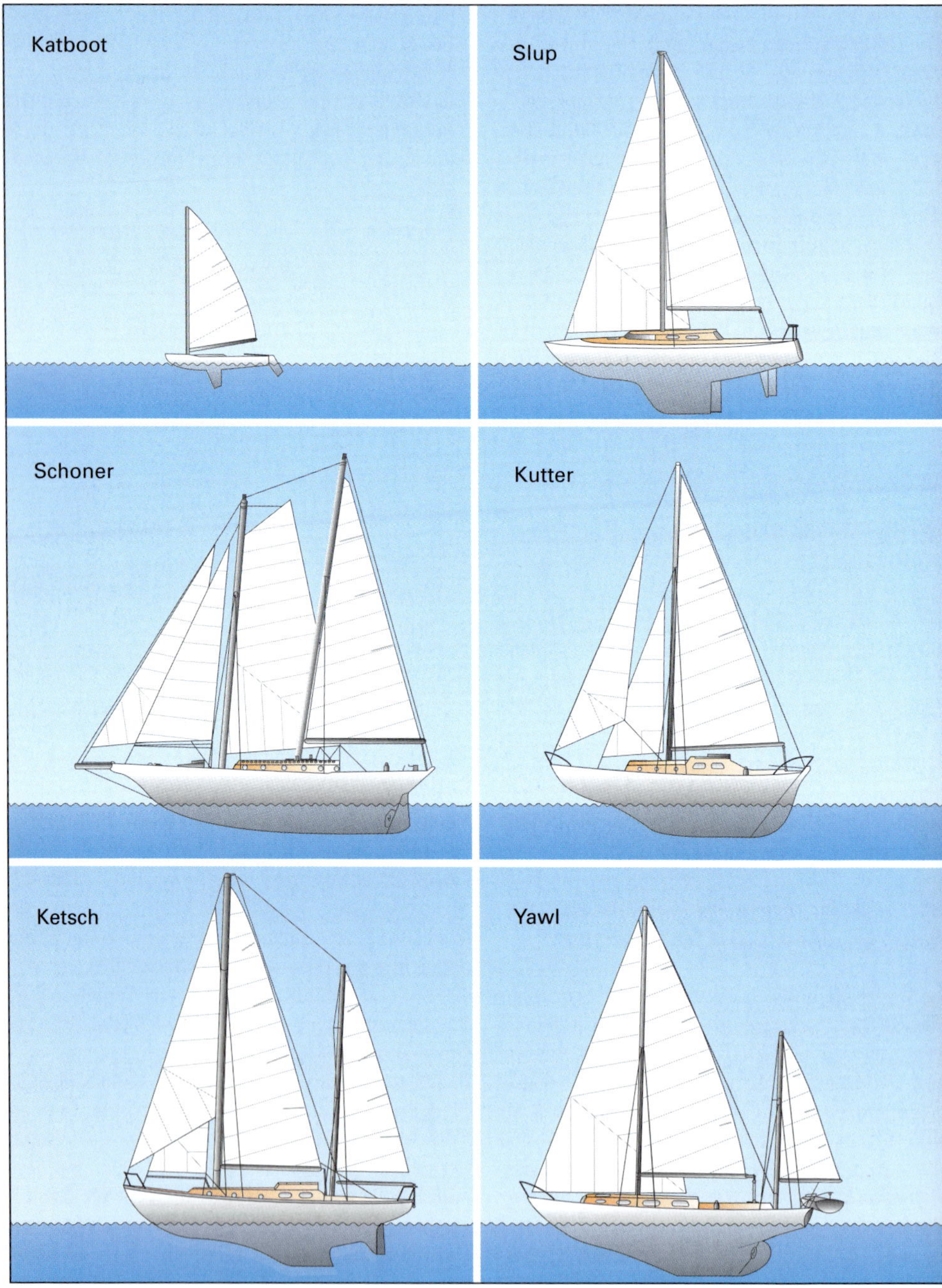
Katboot
Slup
Schoner
Kutter
Ketsch
Yawl

ham-Kausch zum Hals heruntergezogen und damit das Vorliek mit Abflachung des Segels gestreckt werden.

Warum besteht ein Segel aus »Bahnen« und wie können sie angeordnet sein?

Ein Segel besteht aus Bahnen, damit das notwendige Segelprofil (Wölbung) erreicht wird. Bei den Großsegeln sind die Bahnen vorwiegend *parallel* angeordnet, bei Vorsegeln oft auch im *Diagonalschnitt*. Beim Hochseerennsegeln trifft man auf verschiedene radiale Schnitte.

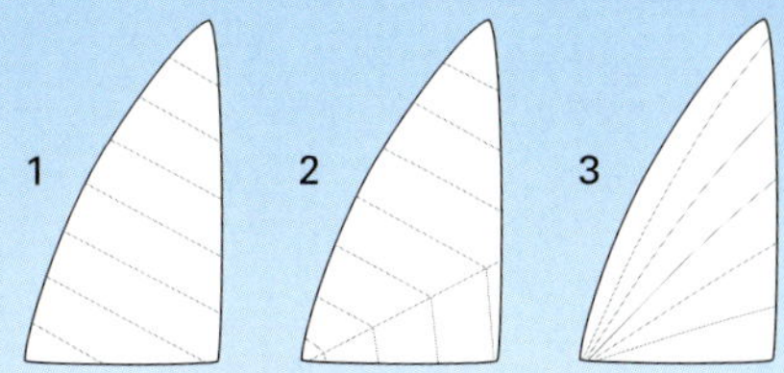

Die Anordnungsarten der Bahnen:
1 Parallelbahnen
2 Diagonalschnitt
3 radialer Schnitt bzw. Strahlenschnitt

Bei diesen FD-Jollen erkennt man beim Großsegel parallele und bei den Vorsegeln diagonale Tuchbahnen, außerdem die Kennzeichen im Großsegel: das Klassenzeichen (FD), die Registriernummer und davor den Nationalitätsbuchstaben. Nach den jetzt gültigen Wettfahrtregeln sind es drei Buchstaben (GER statt G für Deutschland und FRA statt F für Frankreich).

Spinnakerschnitte

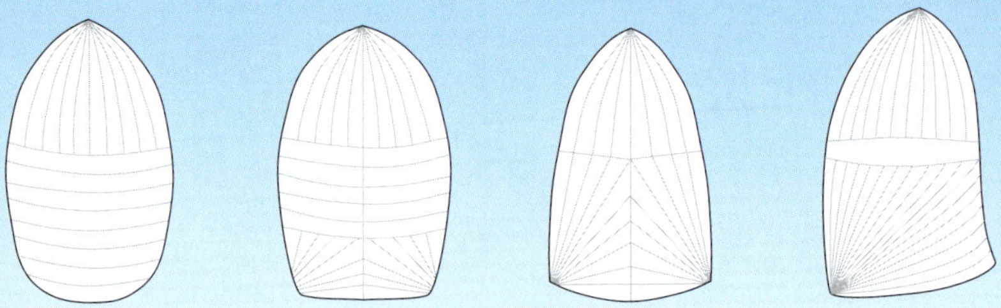

Was versteht man unter »Reffen« und welche Reffsysteme gibt es?

Reffen ist das Verkleinern der Segelfläche. Man unterscheidet zwischen *Bindereff* (Großsegel wird tiefer gesetzt, das lose Tuch eingebunden) und *Drehreff* (auch Roll- bzw. Patentreff), bei dem das Großsegel um den Baum gewickelt wird.
Neu entwickelte Reffeinrichtungen bieten heute auch die Möglichkeit (sofern man dieser Technik vertraut und keine Kosten scheut), das Großsegel direkt in den Mast oder in den Großbaum einzurollen.

Welche »Zeichen« trägt ein Boot im Großsegel und was bedeuten sie?

Die einzelnen Bootstypen tragen *Klassenzeichen* im Großsegel, z. B. einen Stern, ein Beil, die Buchstaben D oder FD usw. Außerdem befindet sich darunter die *Segelnummer*, unter der das Boot in das Yachtregister des Nationalen Verbandes eingetragen ist. Vor dieser Nummer stehen die *Nationalitätsbuchstaben*, z. B. D bzw. neu DEN = Dänemark, F bzw. FRA = Frankreich, G bzw. GER = Deutschland, I bzw. ITA = Italien, N bzw. NOR = Norwegen, Oe bzw. AUT = Österreich, Z bzw. SUI = Schweiz.

Der Segelmacher hinterlässt in der Regel auch noch ein kleines Reklamezeichen, meist in der Nähe des Halses oder Schothorns. Übrigens sind Klassenzeichen, Segelnummer und Nationalitätsbuchstaben auf der Steuerbordseite höher angebracht als auf der Backbordseite!

Welche Arten von »Spinnakerschnitten« kennen Sie?

Kopfradialschnitt, wobei die Bahnen im unteren Bereich quer verlaufen und oben vom Kopf her radial ausstrahlen.
Triradialschnitt, bei dem die Bahnen nur in der Mitte quer verlaufen, von den drei Ecken her aber sternförmig ausstrahlen.
Starcutschnitt für Halbwindspinnaker mit bis zur Mitte sternförmig ausstrahlenden Tuchbahnen.
Biradialschnitt (Blister). Asymmetrische Spinnaker haben heute die meisten Fahrten- und Regattayachten in der Backskiste.

Was bedeuten die Begriffe »Schratsegel«, »Rahsegel«, »Stagsegel«?

Bei den an Masten gefahrenen Segeln gibt es zwei grundlegende Hauptarten: Rahsegel und Schratsegel. Die *Rahsegel*, die mit ihrem Oberliek (Oberkante) an den rechtwinklig zu den

Masten hängenden Spieren, den *Rahen*, angeschlagen sind, waren die Segel der alten Windjammer. Heute finden wir sie nur noch z. B. auf der »Gorch Fock«, dem Schulschiff der Bundesmarine.

Die heutigen Sportsegelboote tragen ausschließlich drei- oder viereckige *Schratsegel*, deren Vorliek (Vorderkante) parallel zum Mast steht. Hiervon gibt es verschiedene Arten: Hochsegel, Gaffelsegel, Luggersegel, Lateinersegel, Sprietsegel. Segel, die nicht wie z. B. die Großsegel an einem Mast gesetzt werden, sondern an einem Stag, nennt man *Stagsegel*. Das sind z. B. alle Vorsegel, Spinnakerbeisegel und bei Anderthalbmastern das Besanstagsegel zwischen den beiden Masten. (Abb. S. 27.)

Erläutern Sie die Begriffe »Fock«, »Genua«, »Sturmfock«!

Das vor dem Großsegel gefahrene Standardvorsegel heißt *Fock*. Die Fock hat eine dreieckige Form und ist am Vorliek oft durch ein eingenähtes Drahttau verstärkt.

Die Fock ist meist kleiner als das Großsegel, das gilt vor allem für die Jollen. Moderne Yachten fahren aber oft eine bis zur Mastspitze reichende Fock, die das Großsegel an Fläche sogar übertreffen kann.

Eine große Fock mit sehr langem Unterliek nennt man *Genua*, eine extrem kleine Fock *Sturmfock*.

Sehr gut ausgerüstete größere Fahrtenyachten und natürlich die Hochseerennyachten führen – um für alle Windverhältnisse gewappnet zu sein – mehrere Vorsegel mit: eine größere und eine kleinere Fock (Fock 1 und 2), eine Sturmfock, eine den Mast sehr weit überlappende Genua (Genua 1) und eine etwas weniger überlappende Genua (Genua 2). (Abb. nächste Seite.)

Was ist ein »Trysegel«?

Für extreme Sturmsituationen ist bei Hochseeyachten das *Trysegel* gedacht, ein Sturmsegel, das an Stelle des Großsegels gefahren wird, und zwar mit losem Unterliek, das heißt, es wird nicht in den Großbaum eingeführt.

Hochseeyachten mit toppgetakelter Genua im Diagonalschnitt. Deutlich ist bei beiden Yachten die Überlappung (Schatten) der Genua zu erkennen.

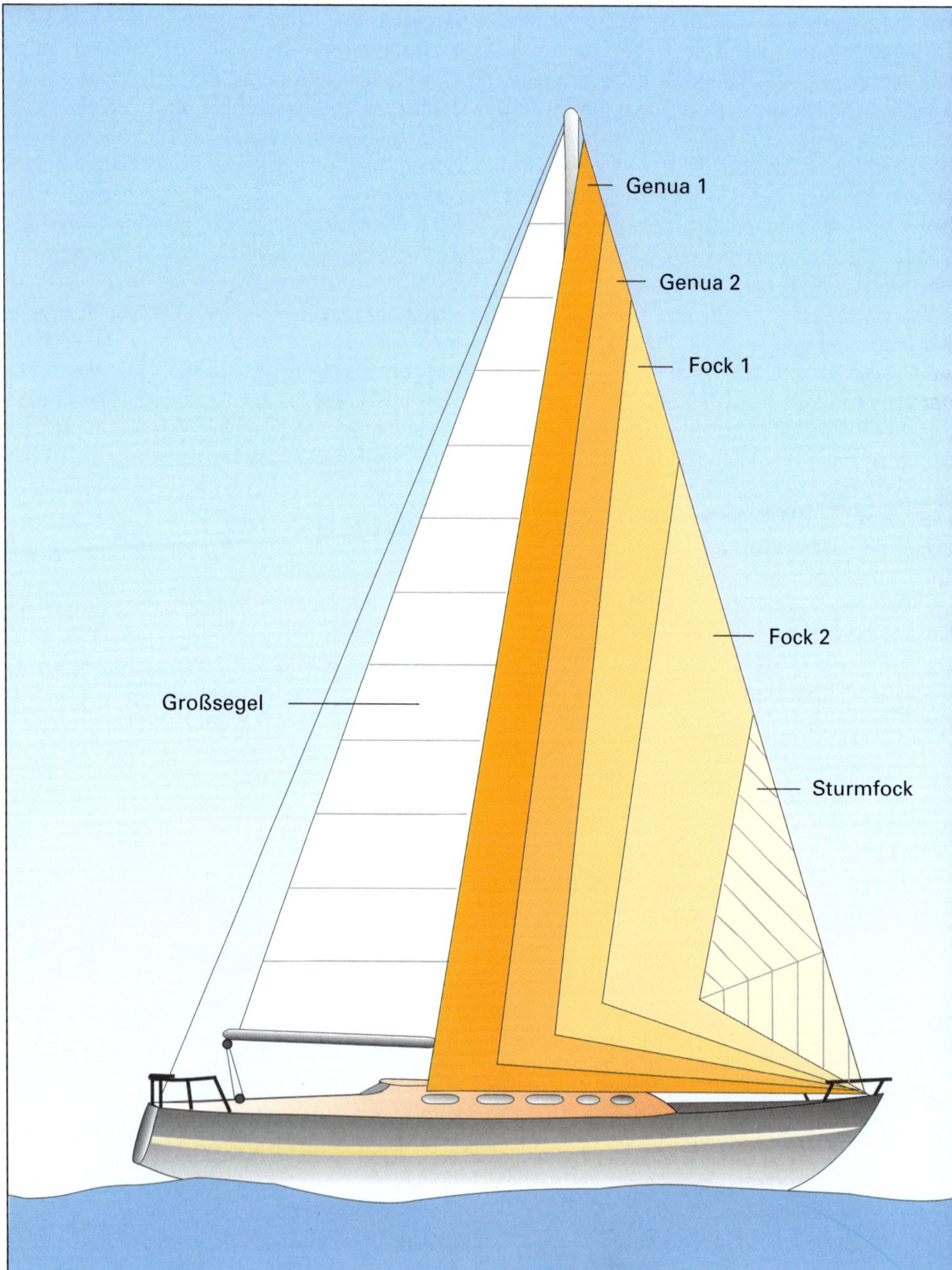

Die verschiedenen möglichen Vorsegel einer slupgetakelten Fahrtenyacht.

Wozu dienen »Segellatten«?

Die durch Lattentaschen im Großsegel gehaltenen Latten dienen der Formgebung und Aussteifung des Segels und sind insbesondere bei Segeln mit rund geschnittenem Achterliek erforderlich, damit dieses nicht *killt* (flattert). Bei lattenlosen Segeln (häufig beim Windsurfen) muss das Achterliek gerade geschnitten sein.

Was versteht man unter »Hochsegel«, »Gaffelsegel«, »Sprietsegel«, »Lateinersegel«, »Luggersegel«?

Die modernen dreieckigen Segel, deren Kopf zur Mastspitze reicht, nennt man *Hochsegel*. Die selten gewordenen *Gaffelsegel* sind viereckig, der obere Teil des Segels wird an eine *Spiere* (*Gaffel*) angeschlagen, die mittels zweier Fallen (*Klaufall* und *Piekfall*) geheißt wird. Die *Sprietsegel* sind viereckig und werden diagonal durch einen *Sprietbaum* abgestützt (z. B. Kinderjolle Optimist).
Lateinersegel findet man häufig im Mittelmeer und in arabischen Ländern, z. B. auf Fischerbooten und Frachtseglern. Es handelt sich hierbei um ein dreieckiges Segel, das an einer sehr langen *Rah* (ohne Großbaum) aufgehängt ist.
Das *Luggersegel* ähnelt etwas dem Lateinersegel, ist aber viereckig und hängt an einer kürzeren Rah. Es ist sehr einfach und für kleinere Boote geeignet, z. B. bei der Chiemseeplätte. Ursprünglich herrschte in der Sportsegelei das Gaffelsegel vor, bis 1920 bei den Olympischen Spielen erstmals die Überlegenheit des Hochsegels deutlich wurde.

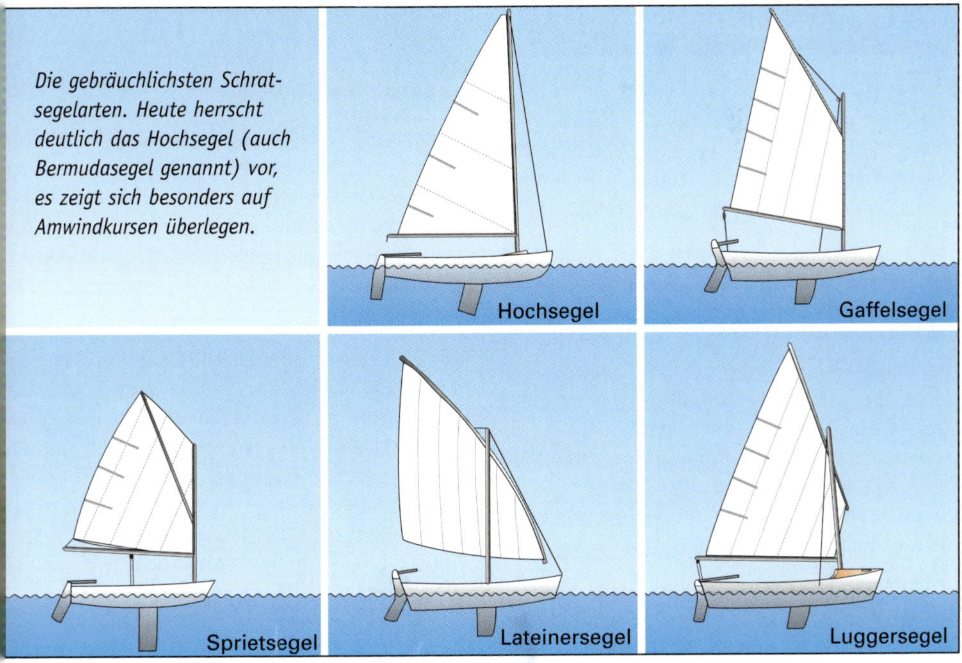

Die gebräuchlichsten Schratsegelarten. Heute herrscht deutlich das Hochsegel (auch Bermudasegel genannt) vor, es zeigt sich besonders auf Amwindkursen überlegen.

Welche »Bootsklasseneinteilung« kennen Sie?

- Bootsklassen nach Baumerkmalen

Bootsklassen mit einheitlichen Klassenvorschriften (Bauvorschriften) oder Ausgleichsformeln hat man geschaffen, damit die wettsegelnden Boote vergleichbar sind. Boote einer Bootsklasse segeln ohne Zeitvergütung gegeneinander. Man unterscheidet:

Einheitsklassen. Alle Boote einer Einheitsklasse werden nach eng gefassten Vorschriften gebaut. Es gibt fast keine Abweichungen in Größe, Gewicht, Form und Material. Sämtliche Details sind vorgeschrieben.
Beispiele: Laserjolle, 420er, 470er.

Beschränkte Klassen. Die wesentlichen Maße und Gewichte sind vorgegeben, erlauben aber Abweichungen bei manchen Einzelheiten, wie etwa dem Baumaterial, der Verstagung oder Schot- und Schwertführung.
Beispiele: Drachen, Flying Dutchman (FD), Tornado-Katamaran sowie die meisten Gleitjollen.

Man kann sich das so merken:
Bei den Einheitsklassen und den beschränkten Klassen ist grundsätzlich alles verboten, was nicht in den Klassenvorschriften erlaubt ist.

Grenzmaßklassen bzw. Konstruktionsklassen entstehen meist aus Konstruktionswettbewerben mit genauen Vorgaben. Vorgeschrieben sind oft nur die Höchstmaße des Rumpfes, die maximale Segelfläche und das Mindestgewicht. Bei der Rumpfform, der Anordnung des Riggs usw. lassen die Vorschriften dem Konstrukteur freie Gestaltung innerhalb vorgeschriebener Grenzen.
Beispiele: H-Jolle, Jollenkreuzer und die meisten der America's-Cup-Klassen.

Bei den Grenzmaß- und Konstruktionsklassen ist grundsätzlich alles erlaubt, was in den Klassenvorschriften nicht verboten ist.

Katamaranklassen sind die von der International Sailing Federation (ISAF) festgelegten Divisionen A bis D, für die Höchstmaße für Länge, Breite und Segelfläche festgelegt sind. Es handelt sich hier also um Grenzmaßklassen.
Beispiele: A- und C-Klassen-Katamarane.
Nicht dazu gehören die Strandkatamarane Hobie oder Top-Cat, die Werftklassen sind.

- Anerkannte Bootsklassen

Internationale Klassen sind vom Weltseglerverband ISAF anerkannt. Hierzu zählen auch die *olympischen Klassen*. Das sind zurzeit acht Bootsklassen (vgl. S. 29) und eine Segelsurfklasse(Mistral).

Nationale Klassen werden von den nationalen Segelsportverbänden anerkannt, in Deutschland vom Deutschen Segler-Verband (DSV). Voraussetzung für die Anerkennung einer Bootsklasse als nationale Klasse ist die Mindestzahl der registrierten Boote: bei Jollen und Katamaranen 200 Einheiten, bei Jollenkreuzern und Kielbooten 150 Einheiten. Die Klasse muss sich zumindest ein Jahr als Eintypklasse bewährt haben.

Anerkannte ausländische Klassen sind von einem ausländischen Segelsportverband anerkannte Klassen, die vom DSV als ausländische Klassen anerkannt sind. Mindestkriterien für die Anerkennung sind die der nationalen Klasse.
Beispiel: Nordisches Folkeboot.

Eintyp-Klassen sind Einheitsklassen, die von einer oder mehreren Werften nach dem gleichen Riss in Serie gebaut werden (*Werftklassen*). Auch Konstruktionsklassen können als Eintyp-Klasse anerkannt werden. Voraussetzung ist eine registrierte Mindestzahl von 120 Jollen oder Katamaranen bzw. 80 Kielbooten oder Jollenkreuzern sowie die Existenz einer anerkannten Klassenvereinigung.

Welches sind die olympischen Klassen für 2004? Geben Sie eine kurze Charakterisierung!

Europe: Einhandjolle (Einmannjolle). Kleinstes Olympiaboot, aber nur für Frauenwettbewerb. (Abb. nächste Seite.)
Länge 3,35 m, Breite 1,38 m, Segelfläche 7 m^2. (Abb. nächste Seite.)
Laser: Einhandjolle, die 1996 die Zweimannjolle Flying Dutchman abgelöst hat.
Länge 4,23 m, Breite 1,37 m, Segelfläche 7,06 m^2. (Abb. nächste Seite.)
Finn-Dinghy: Einhandjolle, die viel Kondition erfordert. Seit 1952 olympisch. Nur für Männerwettbewerb.
Länge: 4,50 m, Breite 1,51 m, Segelfläche 10 m^2.
470er: Sportliche Zweimannjolle mit Trapezeinrichtung. Getrennter Wettbewerb für Frauen und Männer.
Länge 4,70 m, Breite 1,64 m, Segelfläche 12,70 m^2.
49er: Äußerst sportliche Zweimannjolle (fast mehr ein Turngerät) mit Auslegerohren und Doppeltrapez, erstmals 2000 olympisch.
Länge 4,99 m, Breite 2,90 m, Segelfläche 21,20 m^2.
Tornado: Doppelrumpfboot (Katamaran) mit 2 Mann Rennbesatzung, Doppeltrapez und Gennaker, sehr schnell.
Länge 6,10 m, Breite 3,05 m, Segelfläche 21,83 m^2.
Star: Zweimann-Kielboot (Wulstkiel). Älteste Olympiaklasse (1932–1972, ab 1980). Sehr elegantes Boot, das wegen seiner übergroßen Segelfläche als ideal für leichten Wind gilt.
Länge 6,92 m, Breite 1,73 m, Segelfläche 27,92 m^2.
Yngling: Dreimann-Kielboot, erstmals 2004 olympisch, aber nur für Frauenwettbewerb.
Länge 6,35 m, Breite 1,73 m, Segelfläche 14 m^2.

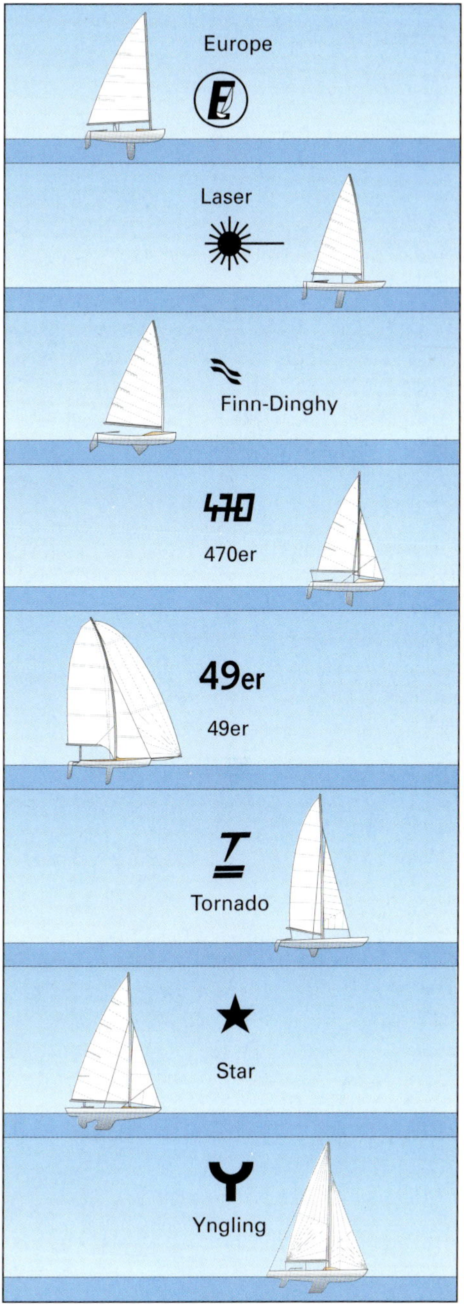

Sportliche Einhandjollen (Einmannjollen) sind mit gleich drei Bootsklassen bei olympischen Regatten (2004) stark vertreten. Oben eine Europe (nur für die Frauen), unten ein Laser.

Die Zweimannjolle Flying Dutchman (FD) war von 1960 bis 1992 olympisch. Deutsche Segler feierten viele Erfolge in dieser Bootsklasse.

Wie heißen die Bootsklassen, die diese »Klassenzeichen« im Segel führen?

Finn-Dinghy, Kielzugvogel, Soling, Optimist (Kinderjolle), Star, Pirat, Tornado, 470er.

Einer der wichtigsten Ausrüstungsgegenstände an Bord ist der »Anker«. Zwischen welchen zwei Ankerkonzeptionen unterscheidet man?

Man unterscheidet zwischen den *Gewichtsankern*, bei denen das Gewicht den Hauptfaktor darstellt (typischer Vertreter: der traditionelle Stock- bzw. Admiralitätsanker), und den modernen *Leichtgewichts-* oder *Patentankern*, bei denen die wirksame Haltefläche und die Zweckmäßigkeit in der Handhabung an erster Stelle stehen.

Der mit dem beiklappbaren Stock versehene *Stockanker* spielt auch heute noch eine wichtige Rolle, da er gut auf steinigem und bewachsenem Grund hält. Nachteil aber: Er muss schwerer sein als ein Leichtgewichtsanker, da er sich nur mit einer Flunke bei kleiner Haltefläche eingraben kann. An dem anderen Flunkenarm, nach oben gerichtet, können sich Leine oder Kette vertörnen. Die *Patentanker* dagegen weisen keine nach oben ragenden Teile auf, die Flunken sind flächenmäßig größer, sie haben einen günstigen Anstellwinkel mit dem Bestreben, sich immer tiefer in den Boden einzugraben (besonders bei weichem, sandigem Grund).

Nennen Sie einige der gebräuchlichsten »Patent-Ankertypen«!

Plattenanker (z. B. Danforth-Anker, Baas-Ball-Anker), Pflugschar-Anker (CQR-Anker), Faltanker bzw. Klappdraggen (wegen der guten Verstaubarkeit speziell für Jollen gut geeignet). Beim Fahrtensegeln müssen zwei Anker an Bord sein, z. B. ein Gewichtsanker (Stockanker), dazu ein Plattenanker (z.B. ein Danforth-Anker).

Damit ein Anker gut hält, sollte die »Zugkraft« möglichst horizontal einwirken. Wie erreicht man dies?

Durch Verwenden einer *Ankerkette*, die den Ankerschaft zu Boden zieht. Eine Ankertrosse sollte deshalb nur bei kleineren Booten (Jollen) benutzt werden. Eine *Ankertrosse* kann aber Eigenschaften einer Kette erhalten, wenn ein Stück Kette (mindestens 5 m lang), ein so genannter *Kettenvorlauf*, zwischen Anker und Trosse eingeschaltet wird.

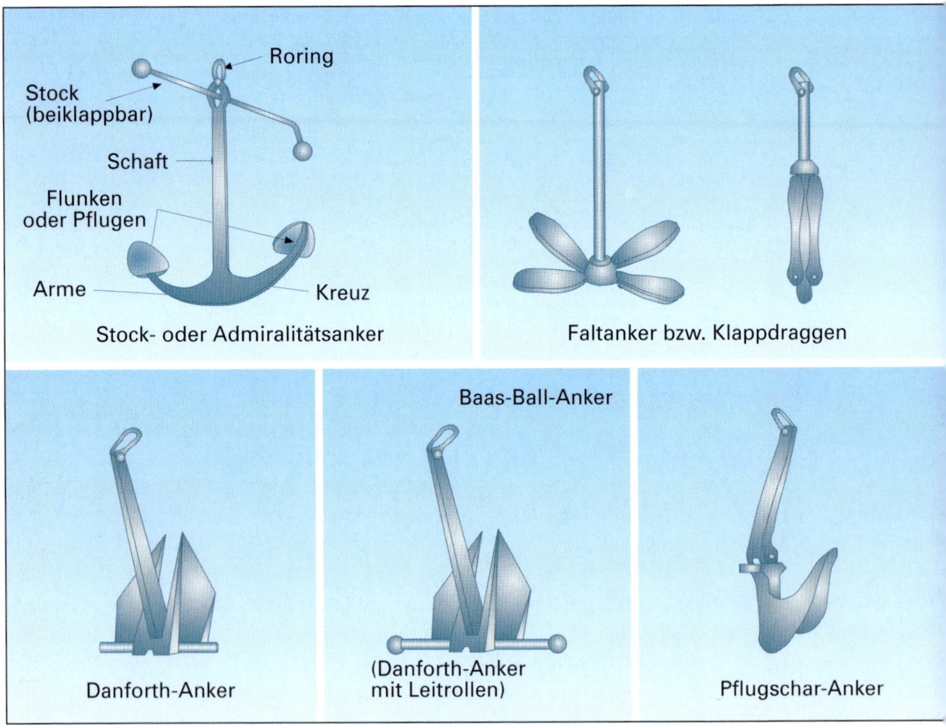

Stock- oder Admiralitätsanker

Faltanker bzw. Klappdraggen

Danforth-Anker

Pflugschar-Anker

Was bedeuten im Zusammenhang mit dem Tauwerk an Bord die Begriffe »Ende«, »Tampen«, »Bändsel«, »Trosse«?

In der Segel-Fachsprache bezeichnet man ein Tau als ein *Ende* (auch *Leine*). Anfang und Ende dagegen nennen wir *Tampen*. Ein Ende hat also zwei Tampen.
Zu einem kurzen Stück Tauwerk, also einem kurzen Ende, sagt man auch gerne Tampen. Sind die Enden dünn, so handelt es sich um *Bändsel*, sind sie dick und schwer, dann haben wir *Trossen* vor uns.

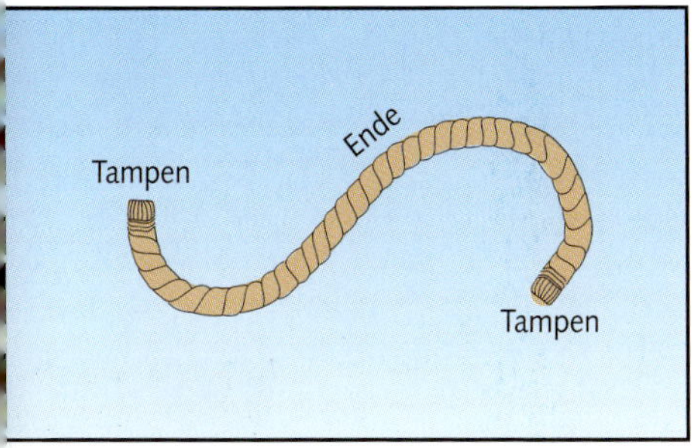

Aus welchem Material wird »Tauwerk« hergestellt?

Beim Tauwerk gibt es Fasertauwerk und Stahldrahttauwerk. *Fasertauwerk* besteht beim Segelsport heute normalerweise nur noch aus Kunstfasern, die sich aufteilen in Polyamide (Nylon, Perlon), Polyester (Diolen, Trevira), Polypropylen (wirkt spröde und ist weniger beliebt), Aramid (Kevlar), Polyethylen (Dyneema/Spectra).
Beim *Drahttauwerk* benutzt man nicht mehr wie früher verzinkte Stahldrähte, sondern nicht rostenden Stahl (Markenbezeichnung V2A und V4A), im Hochseebereich auch Stangenmaterial (Rod).

Wie ist »Fasertauwerk« konstruiert bzw. aufgebaut?

Man unterscheidet *geschlagenes* (gedrehtes) Tauwerk (drei- und vierkardeeliges) und *geflochtenes* Tauwerk (z. B. 8- oder 16-fach). Kleinste Herstellungseinheit ist die Faser (dünner als 0,1 mm: »Multifilament«, dicker als 0,1 mm: »Monofilament«). Die Fasern werden zu einem *Garn* gesponnen oder gedreht, zwei oder mehrere solche Garne, dann *Kabelgarn* genannt, werden zu einer *Litze* bzw. einem *Kardeel* gedreht, und zwar meist links herum. Diese Kardeele werden dann zur fertigen Leine gedreht (geschlagen) oder geflochten.

Wozu dienen »Fallen« und woraus bestehen sie?

Fallen dienen zum Setzen von Segeln. Sie bestehen aus einem Stück flexiblem Drahttauwerk, dem *Drahtvorlauf*, und aus vorgerecktem, geschlagenem (wenig dehnbarem) Fasertauwerk. Der Drahtvorlauf, der bei gesetztem Segel von der Mastspitze zur Belegstelle reicht, dehnt sich nicht aus und hält das Segel in seiner Lage bzw. Spannung. Für Spinnakerfallen benutzt man normalerweise keinen Drahtvorlauf. Auf großen Yachten bestehen die Fallen für die Hauptbesegelung meist ganz aus Drahttauwerk oder auch aus neuen, wenig dehnungsfähigen Fasermaterialien wie Dyneema oder Spectra.

Definieren Sie kurz die Begriffe »S-Schlag«, »Z-Schlag«, »Trossenschlag«, »Wantschlag«, »Kabelschlag«!

S-Schlag: links herum geschlagen; *Z-Schlag*: rechts herum geschlagen; *Trossenschlag*: dreikardeeliges, rechts geschlagenes Tauwerk; *Wantschlag*: vierkardeeliges, rechts geschlagenes Tauwerk; *Kabelschlag*: drei dreikardeelige Enden links herum zu einer Trosse geschlagen.

Was bedeutet beim Drahttauwerk die Bezeichnung »1 x 19«?

Um einen Mitteldraht werden sechs Einzeldrähte verseilt, darüber weitere zwölf Einzeldrähte: 1 + 6 + 12, genannt *Litzenseil*.

Wozu dienen »Schoten« und welche Tauwerkart verwendet man vorwiegend dazu?

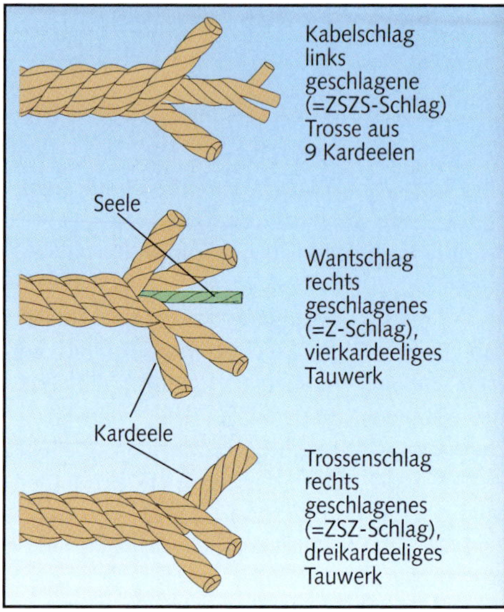

Schoten dienen zum Einstellen der Segel (anholen, dichtholen, fieren), wobei es sich bei der *Großschot* für das Großsegel immer um eine *Talje* (Flaschenzug) handelt. Für das Vorsegel benutzt man die *Fockschot* (auch *Vorschot*) und für den Spinnaker den *Achterholer* (Luvseite) und die *Spinnakerschot* bzw. Schot (Leeseite).
Man verwendet vorwiegend geflochtenes Tauwerk, das sich durch Geschmeidigkeit auszeichnet.

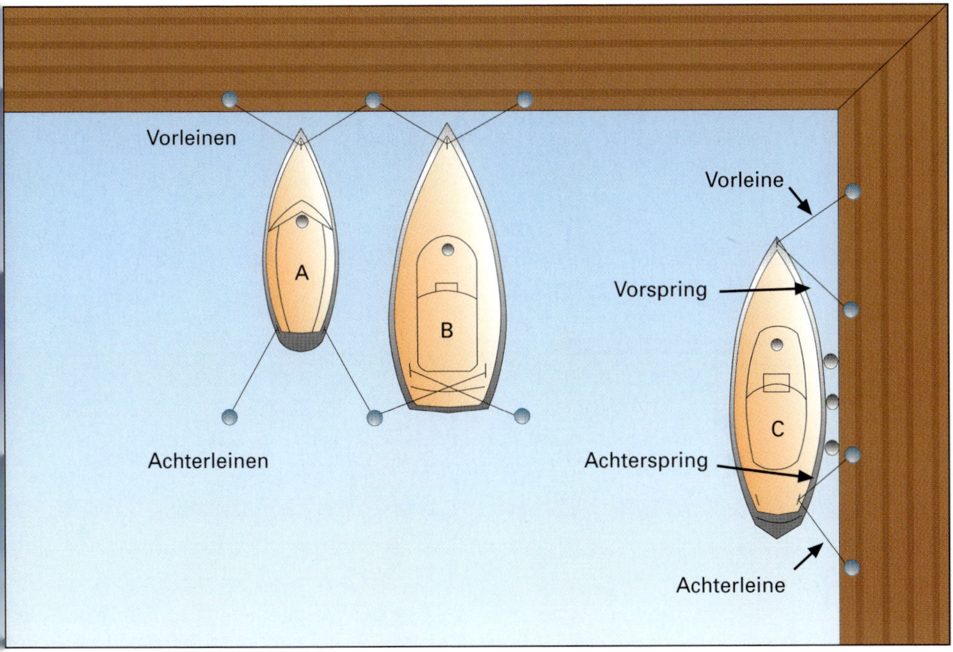

Welche »Festmacheleinen« als Grundausstattung gibt es, welche Art von Tauwerk wird dafür vorwiegend verwendet und welche Anforderungen müssen an dieses Tauwerk gestellt werden?

Den Bug macht man mit der *Vorleine* fest, das Heck mit der *Achterleine*. Je nach Liegeplatz benutzt man auch je zwei Leinen. Liegt ein Boot längsseits, so benötigt man zusätzlich noch eine *Vorspring* und eine *Achterspring*. Festmacher müssen einerseits elastisch sein, andererseits eine hohe Bruchlast aufweisen. Besonders *geschlagenes Tauwerk* ist dafür geeignet (auch für Ankertrossen).

Welche Anforderungen müssen seemännische »Knoten« erfüllen?

Seemännische Knoten, die meist um den Begriff *Stek* ergänzt werden (von »stecken« durch Augen und Buchten), müssen drei Anforderungen genügen:

- einfach und schnell zu erstellen sein
- zuverlässig halten
- sich im entlasteten Zustand leicht lösen lassen

Was bedeuten im Zusammenhang mit den Knoten folgende drei Begriffe: »Bucht«, »Auge«, »Törn«?

Es handelt sich um drei Grundelemente. Ist eine Leine haarnadelförmig geschlungen, so nennt man dies *Bucht*. Ein *Auge* ist eine lose gelegte oder feste Schlinge, und beim *Törn* (auch Rundtörn) legt man die Leine um eine Spiere (Rundholz), einen Pfahl oder ein anderes Tau. (Abb. nächste Seite.)

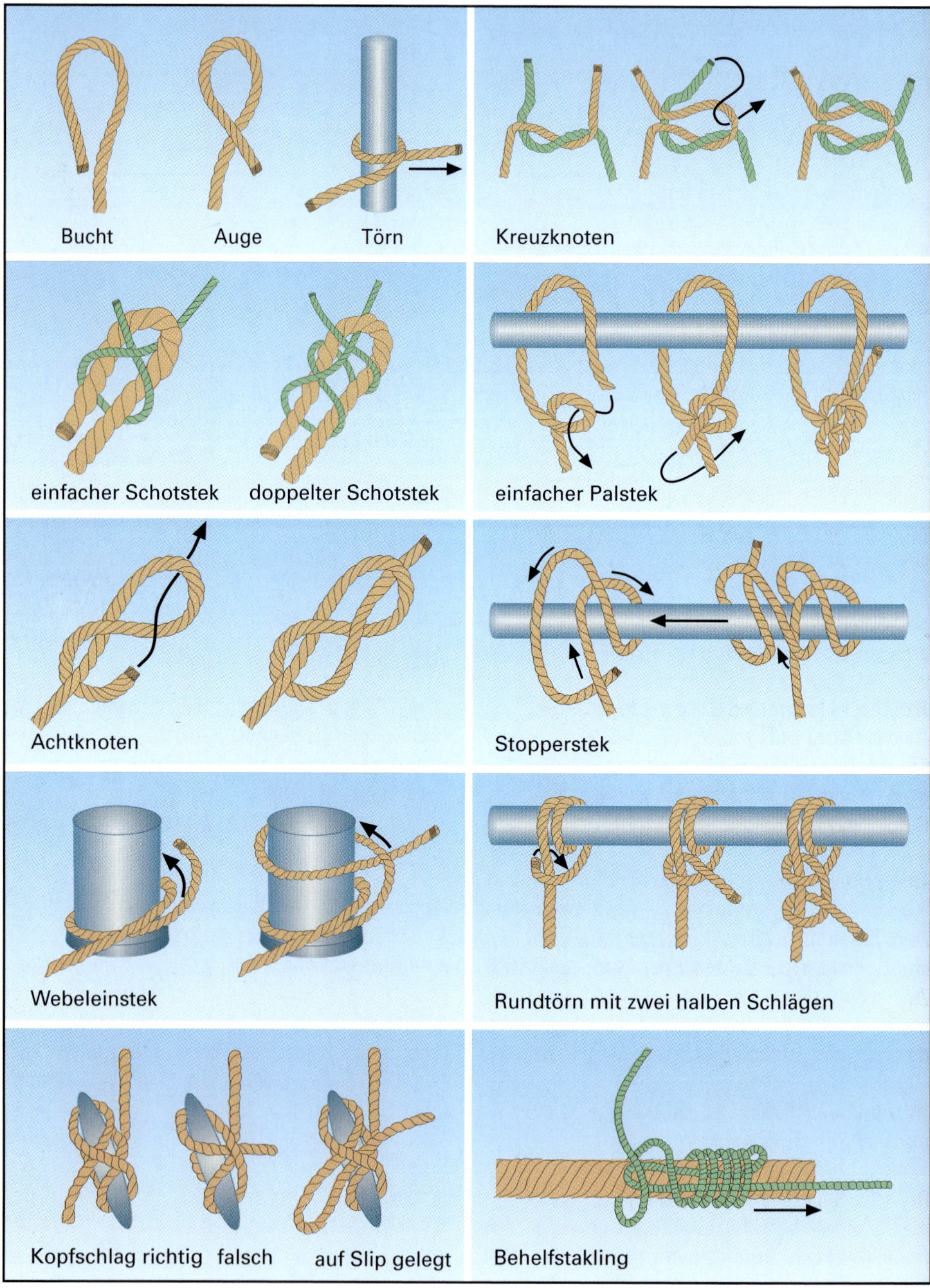
Bucht
Auge
Törn
Kreuzknoten
einfacher Schotstek
doppelter Schotstek
einfacher Palstek
Achtknoten
Stopperstek
Webeleinstek
Rundtörn mit zwei halben Schlägen
Kopfschlag richtig
falsch
auf Slip gelegt
Behelfstakling

Wozu dient der »Kreuzknoten«?

Man verbindet damit zwei gleich starke Enden, z. B. Reffbändsel.

Wozu dient der »Schotstek«?

Sind die zu verbindenden Tampen ungleich stark, so verwendet man den einfachen oder den doppelten Schotstek, z. B. Anstecken einer Wurfleine an eine Schleppleine, Verlängern einer Ankertrosse.

Wozu dient der »Palstek«?

Zum Erstellen eines Auges, das sich nicht zusammenziehen kann. Er hält zuverlässig, auch wenn er abwechselnd Zug und Lose bekommt. Der Palstek ist der klassische Festmacheknoten (besonders für größere Boote) an Pollern und Ringen. Eine Variante ist der doppelte Palstek, der beim normalen Segelsport aber eine geringere Rolle spielt.

Wozu dient der »Achtknoten«?

Er wird immer in den Tampen einer Schot gemacht und verhindert ein Ausrauschen aus Block oder Leitöse.

Wozu dient der »Stopperstek«?

Zum Anstecken eines dünneren Endes an ein stärkeres laufendes Ende zur Übertragung von Zug in gleicher Richtung, z. B. zum Festmachen einer Vor- oder Schleppleine an einer durchlaufenden Schlepptrosse.

Welchen »Festmacheknoten« kennen Sie noch außer dem Palstek?

Den *Webeleinstek* zum Belegen von Festmacheleinen bei kleineren Booten an einem Pfahl. Wichtig: anschließend noch zwei halbe Schläge dazusetzen, damit der Webeleinstek einerseits vor Aufgehen gesichert wird, andererseits sich nicht zu fest zusammenzieht.

Wann z. B. braucht man einen »Rundtörn mit halben Schlägen«?

Man wickelt eine Leine ein- bis zweimal z. B. um eine Spiere und setzt normalerweise zwei halbe Schläge dazu. Beispiele: Festmachen für kurze Zeit an einem Querbalken oder Ähnlichem, Beiboot kurz festmachen, Fender an der Reling festbändseln.

Webeleinstek: Liegt noch Leine herum, dann noch mal Törn(s) um den Pfahl, anschließend zwei halbe Schläge.

Wie belegt man ein Ende an einer »Klampe«?

Um die Klampe wird zunächst ein Rundtörn so gelegt, dass er sich nicht selbst bekneift. Dann folgen etwa zwei Kreuzschläge in Achtform und zuletzt ein sich bekneifender Kopfschlag. Wird der Kopfschlag in geslippter Ausführung gelegt, dann ist er mit einem Zug wieder lösbar. (Abb. S. 36.)

Was wissen Sie über den »Takling«?

Jeder Tampen an Bord muss mit einem *Takling* gesichert sein, um ein Ausfransen oder Aufspleißen zu verhindern.
Früher, im Zeitalter des Naturfasertauwerks, musste jeder Segler, bei Bedarf mittels Takelgarn und Messer zum Abschneiden, einen genähten Takling oder wenigstens einen *Behelfstakling* herstellen können (Abb. S. 36). Kunststofftauwerk ist sehr einfach zu betakeln. Der Tampen braucht nur über eine Flamme gehalten zu werden. Durch das Anschmoren wird er verschweißt.

Eine herumliegende Leine soll »aufgeräumt« werden. Was ist als Erstes zu tun ?

Sie muss aufgeschossen werden. Hierbei legt man sie in gleich lange Buchten zu einem Bund zusammen, wickelt anschließend einige Törns herum und steckt den letzten dieser

Törns als Bucht durch den oberen Teil des Bundes. Am Schluss schlägt man diese Bucht oben drüber. Damit die Buchten gleichmäßig fallen und sich nicht in Achter verwandeln, ist vor Legen jeder Bucht mit den Fingern eine leichte Drehung zu geben. So hat man z. B. auch die Gewähr, dass sich die Buchten wieder sauber abrollen, wenn man eine Leine (z. B. Schleppleine) mal weit zuwerfen soll!

Was geschieht »nach dem Belegen« eines Falls mit dem nun herumliegenden Tauwerk?

Es wird sauber aufgeschossen und anschließend z. B. zwischen Mast und dem auf Zug stehenden Teil des Falls eingeklemmt. Bei einer anderen Möglichkeit zieht man die letzte Bucht von hinten durch, verdreht sie dabei leicht zu einem Auge, das man dann über die Klampe hängt.

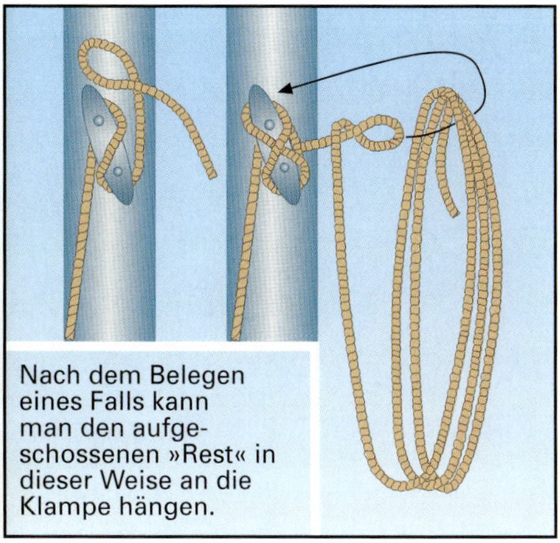

Nach dem Belegen eines Falls kann man den aufgeschossenen »Rest« in dieser Weise an die Klampe hängen.

Vollkommen falsch wäre ein komplettes Aufschießen des Falls mit Törns und Durchstecken einer Bucht, wie es die Fotos auf Seite 38 zeigen. Beim Segelbergen wäre das Risiko, dass das ganze »Päckchen« nach oben gezogen wird, zu groß.

Was versteht man unter »Außerdienststellung« und welches sind die wichtigsten Arbeiten?

Außerdienststellung bedeutet das Abtakeln und Herausnehmen eines Bootes aus dem Wasser zum Zwecke der Einlagerung für den Winter. Die wichtigsten Arbeiten: stehendes Gut lösen und Mast umlegen (bei Jollen geschieht dies meist erst an Land!) – Boot aus dem Wasser nehmen und sofort Unterwasserschiff reinigen (Bewuchs entfernen) – bei Jollen Schwert und Ruderapparat entfernen – alles Bewegliche (Bodenbretter, Ausrüstungsteile) herausnehmen – Schubladen, Stauraumdeckel, Vorluk und Kajüttür offen halten zwecks notwendiger Lüftung – jegliche Nässe entfernen – Mast waagerecht, aber nicht durchhängend lagern (Wanten, Stagen und Fallen einreihen und mit Klebestreifen festzurren) – Zubehörteile zur Vermeidung von Verwechslungen mit beschriftetem Klebeband kennzeichnen – fällige Reparaturen notieren – Lagerung möglichst in geschütztem Raum.

Was ist speziell bei einem »Kielboot beim Winterlager« zu beachten?

Ein Kielboot muss sorgsam abgestützt (*aufgepallt*) werden mittels entsprechender Holzunterlagen und Lagerböcke, damit es keinesfalls umstürzen kann. Wichtig ist auch das Unterbauen der Kielflosse.

Was ist bei der »Winterlagerung der Segel« zu beachten?

Zunächst sind die Segel genauestens im Hinblick auf fällige Reparaturen zu inspizieren. Lagern sollten sie dann (natürlich ganz trocken!) möglichst offen und lose in einem durchlüfteten Raum. Keinesfalls eng zusammengefaltet in einen Sack pressen, der dann vielleicht sogar noch durch andere Gegenstände zusammengedrückt wird.
Nachdem man als »Normalbürger« die Segel kaum offen lagern kann, bietet sich als gute Möglichkeit ein lockeres Aufrollen an.

Winterlager an Land (mit Plane gut eingepackt) oder in einer Halle wäre viel besser. Wenn dann sogar die Rollfock angeschlagen bleibt, ist vorzeitiger Verschleiß die zwangsläufige Folge. Da hilft auch eine Segelpersenning nicht mehr viel.

Zeit für das Einwintern: Hier werden Jollen an der Slipanlage an Land gezogen. Als Nächstes folgt das Reinigen, Abtakeln und Entfernen von Ruder, Schwert und sonstigen Ausrüstungsteilen.

Welche pflegerischen Maßnahmen sind beim Einwintern von »Motor, Batterie und Einbautank« zu treffen?

Beim *Motor* sollte zunächst die Betriebsanleitung zu Rate gezogen werden. Ein Motor, der in Salzwasser gelaufen ist, muss gut mit Süßwasser durchgespült werden; außerdem muss eine Konservierung erfolgen.
Damit die *Batterie* keinen Schaden erleidet, ist sie aus dem Boot zu nehmen und aufzuladen. Gelagert wird sie mit etwas eingefetteten Polen an einem trockenen, frostgeschützten Platz, wobei sie alle acht Wochen nachgeladen werden sollte.
Ein *Einbautank* muss geleert und gegebenenfalls mit Korrosionsschutz versehen werden.

Welche Punkte sind bei der »Frühjahrslackierung« zu beachten?

Kunststoffboote brauchen normalerweise keinen Frühjahrsanstrich (Ausnahme: bewuchshemmender Unterwasseranstrich bei Wasserliegeplatz). Die Frühjahrslackierung eines Holzbootes nur bei Windstille und nie bei direkter Sonneneinstrahlung oder Feuchtigkeit vornehmen (am besten staubfreier Raum). Zur Verarbeitung der Bootslacke orientiert man sich am besten an den Richtlinien des Herstellers (man soll z.B. nie verschiedenartige Lacke vermischen oder übereinander streichen).

Muss ein »Holzboot« jedes Jahr lackiert werden?

Ein Boot aus formverleimtem Sperrholz in gutem Zustand muss nicht jedes Jahr lackiert werden im Gegensatz zu einem Vollholzboot. Ist dies in gutem Zustand, so genügt nach einem Anschleifen ein Anstrich. Bei schlechtem Zustand sind mehrere Anstriche erforderlich, wobei die alten Lacke durch Schleifen, Abbeizen, Abziehen mit der Ziehklinge oder durch Abbrennen mit Lötlampe bzw. Heißluft entfernt werden müssen. Wichtig ist auch jeweils ein Abdecken blanker Holzteile in der Bilge mit Bilgenfarbe, sonst fängt hier ein Boot vorzeitig an zu verrotten.

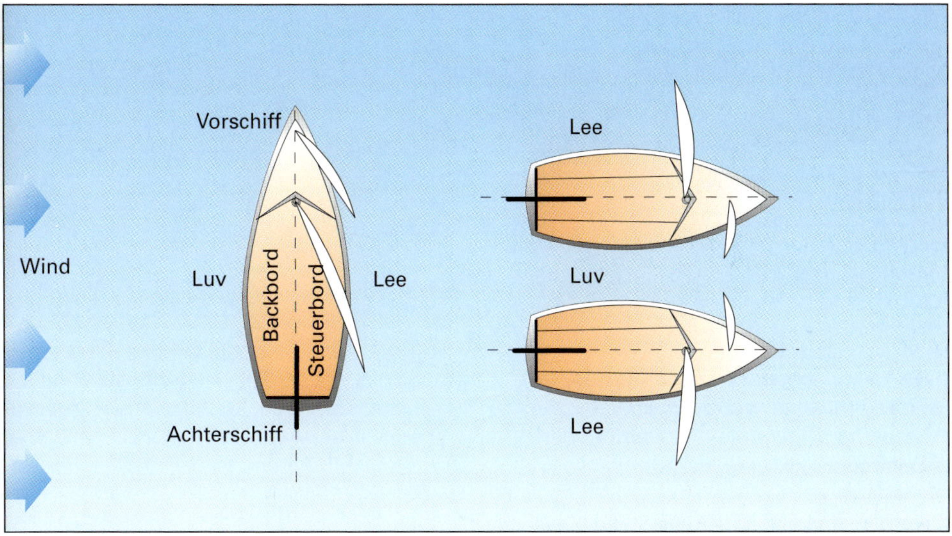

Was versteht man unter den Begriffen »Luv« und »Lee«?

Luv ist die dem Wind zugekehrte Seite, *Lee* die dem Wind abgekehrte Seite. So gibt es bei jedem Boot eine Luv- und eine Leeseite. Segelt z. B. ein Boot mit halbem Wind auf Steuerbordbug, so ist die Backbordseite die Luvseite und die Steuerbordseite, auf der das Segel steht, die Leeseite. Auch bei jedem Steg gibt es eine Luv- und eine Leeseite.

Mit welchen Fachausdrücken bezeichnet man die rechte, linke, hintere und vordere »Seite eines Bootes«?

Rechts: *Steuerbord* (Stb); links: *Backbord* (Bb); vorne: *Vorschiff*; hinten: *Achterschiff*.

Erläutern Sie die Begriffe »anluven«, »abfallen«, »fieren«, »anholen«, »dichtholen«!

Das Hindrehen des Bootes zum Wind, z. B. Kursänderung vom Raumschots- zum Halbwindkurs nennt man *Anluven*. Die Segel werden dabei *angeholt*. Das Wegdrehen vom Wind, z. B. Kursänderung vom Amwind- zum Vorwindkurs, nennt man *Abfallen*. Die Segel müssen dabei gleichzeitig *aufgefiert* werden. Soll eine Schot so weit wie möglich angeholt werden, so nennt man dies *dichtholen*.
Wichtig: Mit dem Anluven ist nicht automatisch ein Anholen der Segel und mit dem Abfallen ein Fieren verbunden! Luvt man z. B. auf Amwindkurs an, um eine Bö auszunutzen oder abzuwettern, so bleibt die Segelstellung unverändert (oder man fiert sie gar beim Abwettern!). Fällt man ab, weil die Segel killen, so fiert man dabei selbstverständlich nicht.

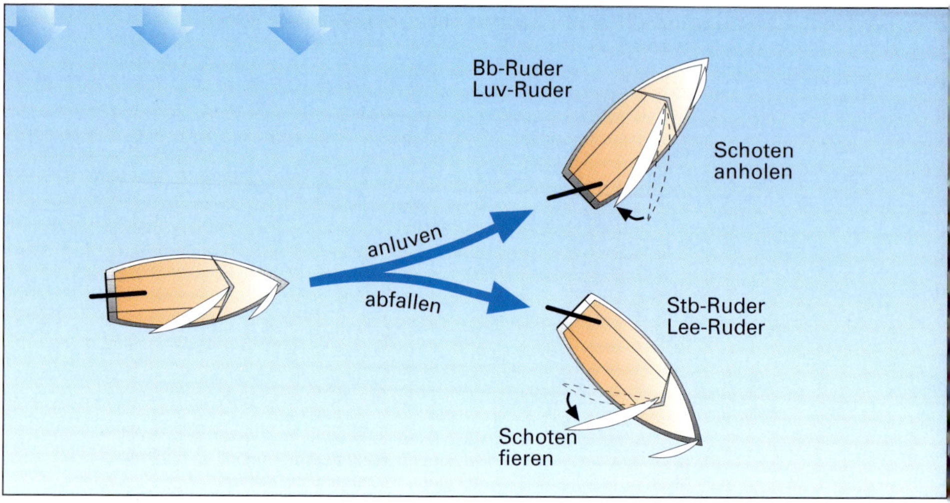

Welche Stellungen des Ruderblattes drücken folgende Bezeichnungen aus: »Steuerbord-Ruder«, »Backbord-Ruder«, »Luv-Ruder«, »Lee-Ruder«?

Liegt das Ruderblatt auf der Steuerbordseite, nennt man dies *Steuerbord-Ruder*. Umgekehrt heißt es *Backbord-Ruder*. Liegt das Ruderblatt auf der Luvseite des Bootes, das nun anluvt, so handelt es sich um *Luv-Ruder*. Bei *Lee-Ruder-Lage* fällt das Boot ab.

Nennen Sie den Unterschied zwischen »achtern« und »achteraus«!

Achtern bedeutet hinten im Boot, *achteraus* befindet sich außerhalb des Bootes, und zwar hinter dessen Querachse.

Was bedeutet »Segeln mit Wind von Bordbord« und »Segeln mit Wind von Steuerbord«?

Fällt der Wind von der Backbordseite ein und stehen die Segel an der Steuerbordseite, dann segelt man mit Wind von Bb. Wenn umgekehrt der Wind von Steuerbord einfällt und der Großbaum auf der Backbordseite steht, segelt man mit Wind von Stb. Die Ausweichregeln differenzieren entsprechend zwischen Boot mit Wind von Bb und Boot mit Wind von Stb.

Erklären Sie die folgenden Richtungsbezeichnungen vom Boot aus: »recht voraus«, »recht achteraus«, »Steuerbord querab«, »Backbord querab«!

Recht voraus: ganz genau in Kielrichtung voraus, *recht achteraus:* ganz genau in Kielrichtung achteraus, *Steuerbord querab:* rechts in Verlängerung der Querachse, *Backbord querab:* links in Verlängerung der Querachse. Statt querab gibt es auch den Ausdruck *dwars*.

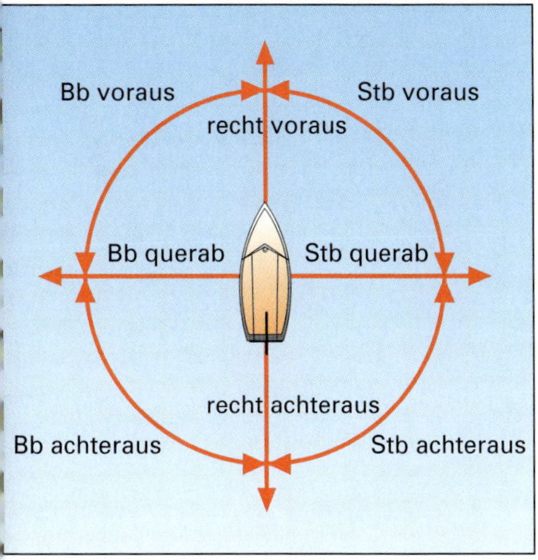

Wie bezeichnet man die Richtungsbereiche zwischen »voraus« bzw. »achteraus« und »querab«?

Steuerbord voraus, Backbord voraus, Steuerbord achteraus, Backbord achteraus.

Was bedeutet »auftakeln« und »abtakeln«?

Das Hineinstellen des Mastes mit seinem laufenden Gut in ein Boot und das Befestigen des stehenden Gutes nennt man *Auftakeln*, den umgekehrten Vorgang *Abtakeln*. Dies hat nichts zu tun mit Segelsetzen und Segelbergen, wie der Laie meint.

Was bedeutet »schwojen«?

Schwojen bedeutet das Hin- und Herpendeln oder Drehen eines Bootes, das vor Anker, an der Boje oder Leeseite eines Steges liegt. Das Boot schwojt also immer so mit dem Wind, dass es genau im Wind liegt. Damit eine Jolle besser schwojen kann, soll man immer das Schwert hochziehen, wenn man sie an Steg oder Boje liegen lässt. Vergisst man, das Schwert hochzuziehen, so könnte bei starken Böen eine Jolle am Steg oder an der Boje kentern!

Ein Beiboot können Sie durch »Pullen« oder» Wriggen« fortbewegen. Wie unterscheiden sich beide Techniken?

Pullen nennt man das Rudern mit zwei *Riemen*. Beim selteneren *Wriggen* bewegt man das Beiboot mit nur einem Riemen am Heck durch seitliches achtförmiges Hin- und Herführen vorwärts.

Erklären Sie die folgenden Begriffe: »lenzen«, »schamfilen«, »Fender«!

Lenzen: Wasser aus dem Boot schöpfen oder pumpen; *schamfilen*: scheuern, reiben mit Gefahr von Beschädigung; *Fender*: Schutzpolster, das über Bord gehängt wird (z. B. am Liegeplatz).

Was ist unter »Killen« zu verstehen?

Flattern eines Segels. Das *Killen* schadet dem Tuch, weshalb man ein Boot nicht unnötig lange an einem Liegeplatz mit gesetzten Segeln liegen lassen sollte. Auch bei Schleppfahrten sollten die Segel umgehend geborgen werden, um das schädliche Killen zu vermeiden.

Was ist ein »Zeising«?

Ein Segeltuchstreifen oder Bändsel zum Festbinden (*zeisen*) aufgetuchter Segel. Die oft dafür verwendeten Gummistropps mit Kunststoffknebel sind zwar sehr praktisch, aber nicht ungefährlich, da sie z. B. beim Befestigen aus der Hand rutschen und ins Gesicht (Augen!) schnellen können.

Was versteht man unter »Krängung« eines Bootes?

Neigung eines Bootes zur Seite (Schräglage). Bei Jollen besteht bei zu starker Krängung Kentergefahr.

Die Schräglage eines Bootes nennt man Krängung. Das vordere Boot krängt stärker als das hintere und hat dadurch einen Nachteil: Durch die Krängung wird das Boot luvgierig, der Steuermann muss Gegenruder geben – und das bremst.

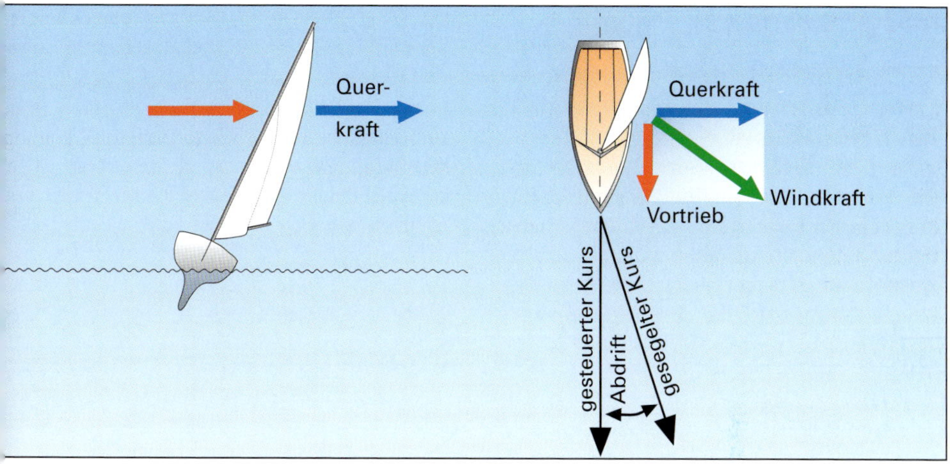

Durch die seitliche Windeinwirkung wird die Querkraft hervorgerufen, die verantwortlich ist für Abdrift und Krängung (siehe auch nächstes Kapitel).

Was ist »Abdrift«?

Die *Abdrift* ist das seitliche Abtreiben eines Segelbootes durch den Wind (nicht durch Strom!). Sie spielt eine besonders große Rolle bei Halbwind- und Amwindkursen. Damit die Abdrift möglichst gering gehalten wird, haben die Segelboote den *Lateralplan*, d. h. eine Widerstandsfläche unter Wasser, die seitliches Abtreiben vermindert. Die Abdrift hängt von verschiedenen Faktoren ab, von der Art des Tiefgangs, vom Segelschnitt, der Krängung und der Fahrt des Bootes. Je nach Bootstyp und äußeren Umständen muss man beim Amwindsegeln mit einer Abdrift zwischen etwa 3° und 12° rechnen, d. h., man wird ein Ziel entsprechend höher ansteuern.

Was bedeutet »verholen«?

Ein Boot mithilfe von Leinen von einem Liegeplatz aus an eine andere Stelle bringen.

Was bedeutet »raumen« und »schralen« im Zusammenhang mit dem Wind?

Raumen ist eine Richtungsänderung des Windes, und zwar so, dass er mehr von achtern und somit günstiger einfällt. Beim *Schralen* fällt der Wind mehr von vorne und damit ungünstiger ein.

Was ist ein »Kurs«?

Die Richtung, die ein Boot steuert, ist der Kurs. Ein Kurs kann sich nach dem Kompass richten oder sich auf ein bestimmtes Ziel beziehen. Sehr oft aber steht er im Zusammenhang mit dem Wind. Bei den einzelnen Kursen zum Wind ist nur der Bezug zu einer konkreten Windrichtung, also dem wahren Wind sinnvoll (nicht dem scheinbaren Wind, wie noch in manchen Büchern zu lesen ist).

Die einzelnen Kurse, bezogen auf den wahren Wind (siehe auch nächste Seite).

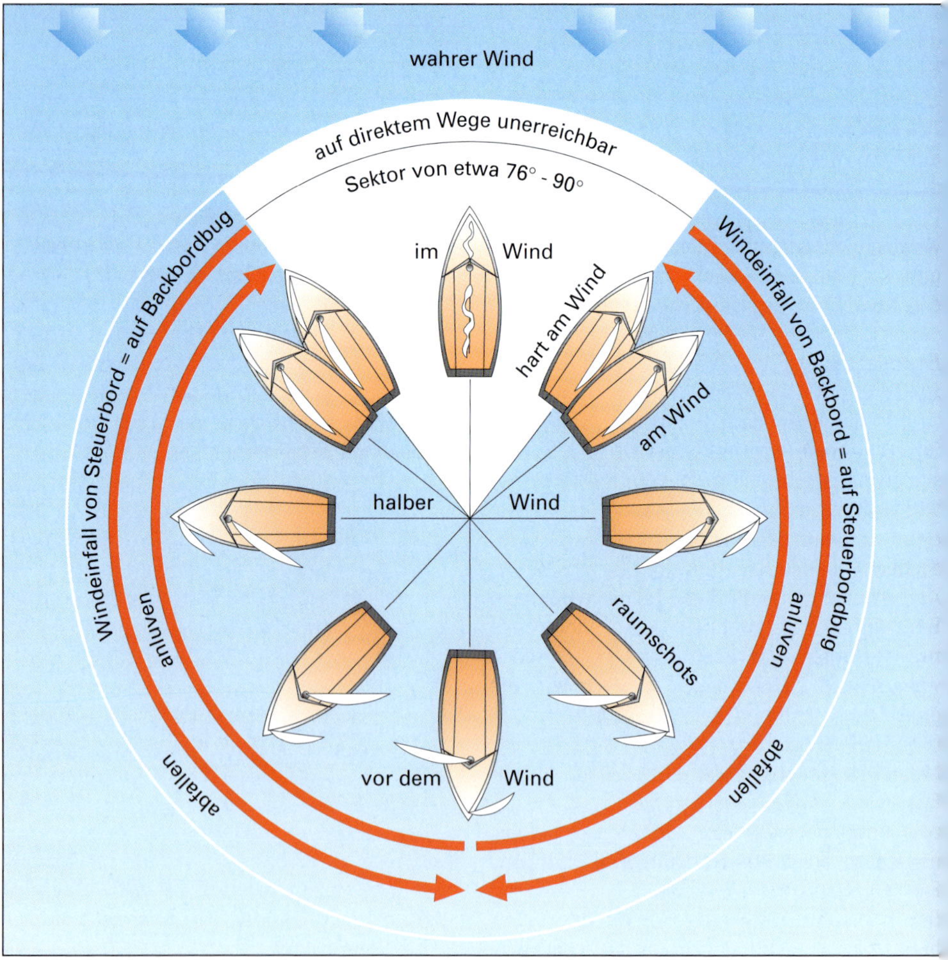

Welche »Kurse zum Wind« unterscheidet man beim Segeln?

Amwindkurs: Kurs, bei dem man die bestmögliche Höhe zum Wind und Raum nach Luv gewinnt (Winkel von etwa 38°–45° zum wahren Wind). Die Segel sind dabei ganz angeholt. Ein extremer Amwindkurs heißt *hart am Wind.*
Halbwindkurs (halber Wind): Der wahre Wind fällt genau von der Seite im 90°-Winkel ein.
Raumwindkurs (auch *Raumschotskurs, raumschots*): Der wahre Wind fällt achterlicher als querab ein.
Vorwindkurs (vor dem Wind): Der Wind fällt genau von achteraus ein.
Nicht segeln kann man in einem Sektor von etwa 76°–90°, hier liegt das Boot *im Wind,* die Segel killen.
Die Segelstellung im Halbwind- und Raumwindbereich ist nicht immer gleich festzulegen, sie richtet sich nach der Bootsgeschwindigkeit.

Erklären Sie die Begriffe »wahrer Wind«, »Fahrtwind«, »scheinbarer Wind«!

Solange ein Segelboot in Fahrt ist, ist der *scheinbare Wind* entscheidend. Nur dieser Wind wirkt auf das fahrende Boot und treibt es an; ohne Kenntnis darüber kann man nicht segeln.
Auf einem Boot ohne Fahrt, d. h. auf einem Boot vor Anker, an der Boje oder am Steg, nimmt man den Wind genau aus der Richtung wahr, aus der er kommt. Dies wird *wahrer Wind* genannt. Auf einem Motorboot, das mit hoher Geschwindigkeit bei völliger Flaute dahinbraust, spürt man den *Fahrtwind*. Dieser Fahrtwind weht immer der Fahrtrichtung genau entgegen, seine Geschwindigkeit ist genau so groß wie die des Fahrzeuges, das den Fahrtwind hervorruft.
Der *scheinbare Wind* nun, der für das Segelboot ausschlaggebend ist, ergibt sich als

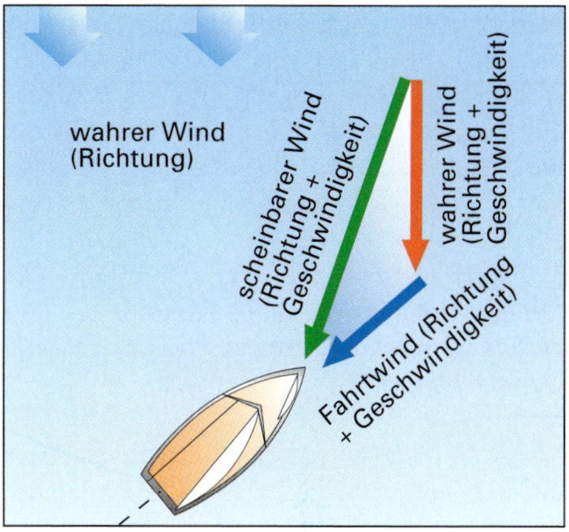

Kombination von Fahrtwind und wahrem Wind, errechnet als Resultierende aus dem Parallelogramm der Geschwindigkeiten.
Tipp für die Praxis: Will man z. B. zum Anlegen einen Aufschießer machen, so orientiert man sich nicht am Stander, um sich zu vergewissern, woher der wahre Wind kommt, den man jetzt braucht. Das Wellenbild, der Stander eines stehenden Bootes, eine Flagge an Land usw. sind die wahren Indikatoren.

Was wissen Sie über den »scheinbaren Wind«?

Wahrer Wind und scheinbarer Wind können nie gleich sein, solange das Boot fährt.
Der scheinbare Wind fällt immer vorlicher (mehr von vorne) ein als der wahre Wind. Nur beim Vorwindkurs behält er die gleiche Richtung bei.
Am Wind segelnd, ist der scheinbare Wind bedeutend stärker als der wahre Wind, aber er fällt unter einem ungünstigen Winkel ein, und nur ein kleiner Teil des (großen) scheinbaren Windes trägt zum Vortrieb bei.
Bei Halb- und Raumwindkurs ist der Einfluss des scheinbaren Windes vorteilhaft, da er unter einem günstigen Winkel einfällt.
Beim Vorwindkurs ist der scheinbare Wind

immer kleiner als der wahre Wind. Je schneller das Boot auf diesem Kurs läuft, umso kleiner wird der scheinbare Wind. (Auf Vorwindkurs unterschätzt man oft die wahre Windstärke!) Der Stander eines fahrenden Segelbootes zeigt immer die Richtung des scheinbaren Windes an.

Kann sich der »scheinbare Wind« verändern ohne Richtungsänderung des wahren Windes?

Ja, er kann seine Richtung ändern (raumen und schralen), und zwar beim Einfallen einer Bö (siehe Abb. nächste Seite).

Warum und wie dreht der Stander bei einer »einfallenden Bö«?

Beim Einwirken einer Bö nimmt die Geschwindigkeit des wahren Windes plötzlich zu, während der Fahrtwind noch gleich bleibt. Ergebnis: Der scheinbare Wind verändert sich, fällt etwas achterlicher ein: *raumt*. Jetzt hat das Boot Fahrt aufgenommen, d. h., die Geschwindigkeit des Fahrtwindes hat sich vergrößert (während die Geschwindigkeit des wahren Windes gleich bleibt): Der scheinbare Wind dreht wieder zurück: er *schralt*. Ist die Bö vorüber, so geht die Geschwindigkeit des wahren Windes wieder auf die ursprüngliche Größe zurück, während die Fahrtwind-Komponente noch unverändert bleibt: Der scheinbare Wind schralt noch stärker, er fällt sogar zunächst noch vorlicher ein als zu Beginn der Bö, bis die Fahrtwind-Geschwindigkeit wieder abgenommen hat (siehe Abb. nächste Seite).

Wie nutzt man beim »Kreuzen« die Bö aus, um nicht Höhe zu verlieren?

Beim Einfallen der Bö luvt man vorsichtig an, muss aber anschließend wieder leicht abfallen (siehe Abb. nächste Seite).

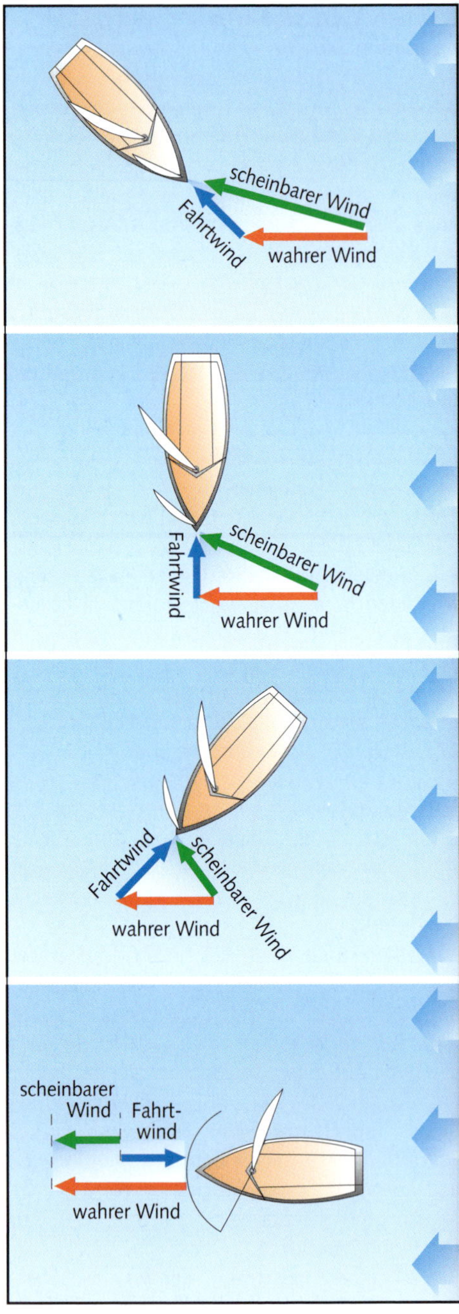

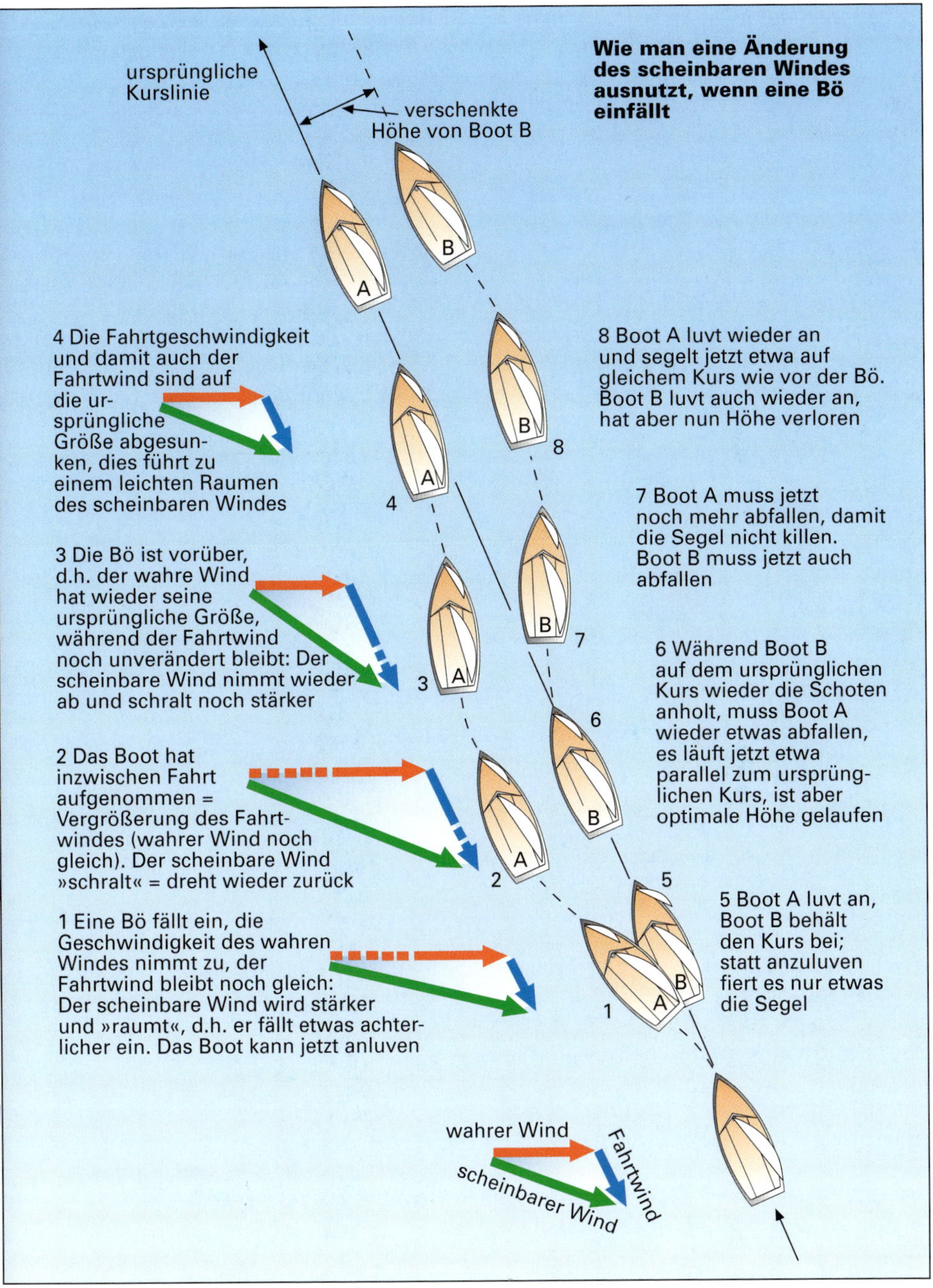
Wie man eine Änderung des scheinbaren Windes ausnutzt, wenn eine Bö einfällt
ursprüngliche Kurslinie
verschenkte Höhe von Boot B
A
B
4 Die Fahrtgeschwindigkeit und damit auch der Fahrtwind sind auf die ursprüngliche Größe abgesunken, dies führt zu einem leichten Raumen des scheinbaren Windes
8 Boot A luvt wieder an und segelt jetzt etwa auf gleichem Kurs wie vor der Bö. Boot B luvt auch wieder an, hat aber nun Höhe verloren
7 Boot A muss jetzt noch mehr abfallen, damit die Segel nicht killen. Boot B muss jetzt auch abfallen
3 Die Bö ist vorüber, d.h. der wahre Wind hat wieder seine ursprüngliche Größe, während der Fahrtwind noch unverändert bleibt: Der scheinbare Wind nimmt wieder ab und schralt noch stärker
6 Während Boot B auf dem ursprünglichen Kurs wieder die Schoten anholt, muss Boot A wieder etwas abfallen, es läuft jetzt etwa parallel zum ursprünglichen Kurs, ist aber optimale Höhe gelaufen
2 Das Boot hat inzwischen Fahrt aufgenommen = Vergrößerung des Fahrtwindes (wahrer Wind noch gleich). Der scheinbare Wind »schralt« = dreht wieder zurück
5 Boot A luvt an, Boot B behält den Kurs bei; statt anzuluven fiert es nur etwas die Segel
1 Eine Bö fällt ein, die Geschwindigkeit des wahren Windes nimmt zu, der Fahrtwind bleibt noch gleich: Der scheinbare Wind wird stärker und »raumt«, d.h. er fällt etwas achterlicher ein. Das Boot kann jetzt anluven
wahrer Wind
Fahrtwind
scheinbarer Wind

Segelt man auf allen Kursen nach dem gleichen »Windströmungsprinzip«?

Nein. Es ist zu unterscheiden, ob man einen *Vorwindkurs* segelt oder Kurse zwischen *am Wind* und *raumschots*.

Wie entsteht der »Vortrieb« beim Vorwindkurs?

Auf Vorwindkurs kommt der Vortrieb dadurch zu Stande, dass die möglichst weit aufgefierten Segel für den anströmenden Wind eine Widerstandsfläche bieten. Der auf diese Fläche auftreffende Wind wird durch sie abgebremst und schiebt das Boot. Die Windströmung reißt dabei ab, und es bilden sich in Lee der Segel Verwirbelungszonen (Turbulenzen). Je größer die Segelfläche also, desto besser. Entscheidend ist dabei nur, eine entsprechende Luftmasse »abzubremsen«, um Vorwärtsfahrt erreichen zu können. Möglichst bauchig geschnittene Segel erweisen sich hierbei als am zweckmäßigsten. Aus diesem Grunde haben auch Spinnaker eine fallschirmartige Form.

Welche speziellen Erscheinungen ruft die »Querkraft« hervor?

Abdrift und *Krängung*. Die Abdrift tritt besonders deutlich auf Amwindkursen in Erscheinung und verkleinert sich, je weiter man vom Wind abfällt. Die Krängung steht mit der Abdrift in Beziehung: Hat eine Jolle das Schwert hochgezogen und treibt sie seitlich ab, verringert sich die Krängung. Krängt dagegen ein Boot, vergrößert sich die Abdrift.

Tipp für die Praxis: Wenn man bei starkem Wind mit Kentergefahr bei einer Jolle das Schwert ein Stück hochzieht (auch auf Amwindkurs!), vermindert man durch diese absichtliche Abdriftvergrößerung die Krängung.

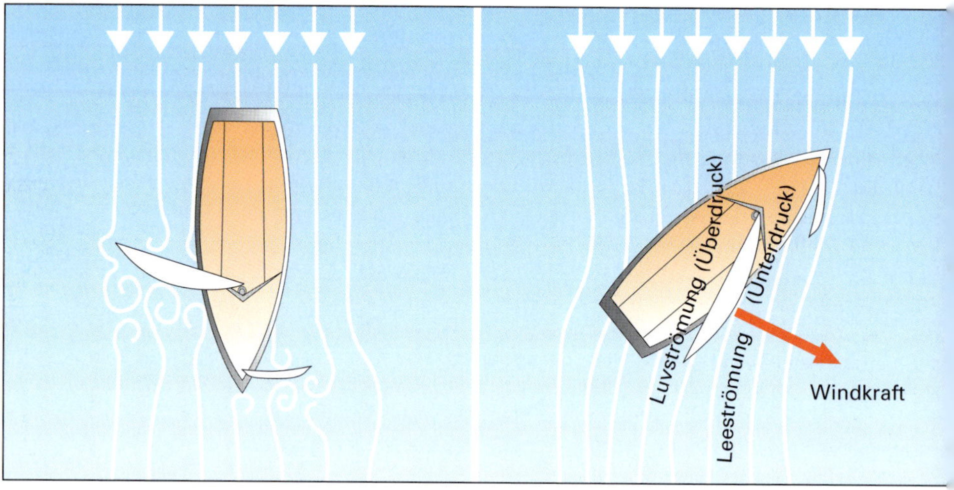

Links: Antrieb durch Widerstand beim Vorwindkurs. Rechts: Antrieb durch Ab- bzw. Umlenkung des scheinbaren Windes.

Wie entsteht der »Vortrieb« auf den Amwind- bis Raumwindkursen?

Anders als beim Vorwindkurs entsteht der Vortrieb bei den übrigen Kursen.

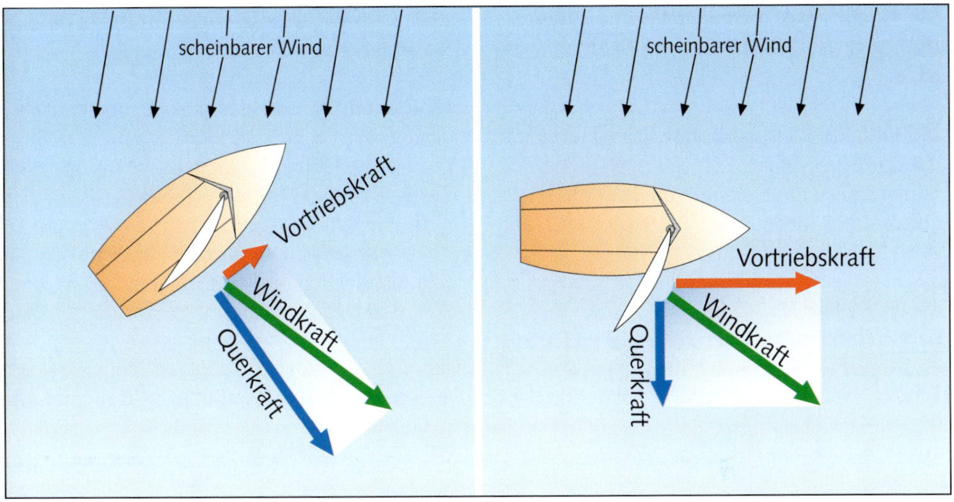

Bei einem jetzt in einem Winkel von ca. 10°–25° zum scheinbaren Wind angestellten Segel in aerodynamischem Profil wird der Wind nicht mehr abgebremst, sondern aus seiner Strömungsrichtung etwas abgelenkt. Der Wind umfließt dabei das Segel in einer Luv- und einer Leeströmung, und zwar in unterschiedlichen Strömungsgeschwindigkeiten. Die Luvströmung erfährt durch das angestellte Segel eine leichte Abbremsung, und es entsteht ein etwas erhöhter Druck. Gleichzeitig ruft die schneller fließende Leeströmung einen Unterdruck (Sog) hervor. Auf diese Weise bilden sich auf beiden Segelseiten unzählige Teilkräfte, die zu einer resultierenden Gesamtkraft, genannt *Windkraft* zusammengefasst werden können. Den Angriffspunkt dieser Windkraft muss man sich im Segelschwerpunkt vorstellen, wobei diese Kraft mit der Sehne der Segelkrümmung (etwa die Lage des Großbaums) ungefähr einen rechten Winkel bildet.
Zum Erkennen des vorwärts treibenden Teils der Windkraft ist diese in zwei Komponenten zu zerlegen: in die nach vorne gerichtete *Vortriebskraft* und die querab zur Schiffslängsachse wirkende *Querkraft*.

Obwohl die wünschenswerte Vortriebskraft klein und die nachteilige Querkraft deutlich größer ist, erreichen die Segelboote wegen ihrer strömungsgünstigen Bauweise und ihres Lateralplanes eine gute Fahrt.

Auf welchem Kurs ist das Verhältnis »Vortriebskraft zu Querkraft« am ungünstigsten?

Auf Amwindkurs. Je weiter die Segel (beim Segeln im Auftriebsbereich) gefiert werden können, umso günstiger wird die Vortriebskraft.
Tipp für die Praxis: Segel nicht zu dicht fahren, sondern so einstellen, dass sie gerade nicht mehr killen.

Auf welchen Kursen erreicht ein Segelboot die »größte Geschwindigkeit«?

Auf *Halbwindkurs* und in einem Teilbereich der *raumen Kurse,* weil hier die Vortriebskraft deutlich größer ist und der Anteil der Querkraft zurückgeht.

Sie segeln einen Halbwindkurs und führen die Segel »zu dicht«. Wie wirkt sich das aus?

Die Vortriebskraft wird kleiner, die Querkraft dagegen vergrößert sich. Dadurch nimmt die Krängung zu, das Boot wird luvgierig (Ausgleich durch Gegenruder = Bremse) und langsamer.

Durch welche Maßnahme kann die »Formstabilität« einer Jolle bei viel Wind (z. B. auf Amwindkurs) erhöht werden?

Durch Gewichtsverlagerung der Mannschaft nach außen auf der Luvseite (Ausreiten, Benutzen einer Trapezeinrichtung).

Was bedeutet »luvgierig« und »leegierig«?

Ein Segelboot kann nur dann seine optimale Geschwindigkeit erreichen, wenn es richtig getrimmt ist. Ist es nicht richtig getrimmt, so neigt das Boot von selbst dazu, entweder in den Wind zu drehen, d. h. anzuluven, oder vom Wind wegzudrehen, d. h. abzufallen. Man nennt das jeweils *luvgierig* und *leegierig*. Der Steuermann muss in diesen Fällen laufend mit dem Ruder korrigieren und bremst dadurch die Fahrt.

(Text zur Abb. siehe nächste Frage!)

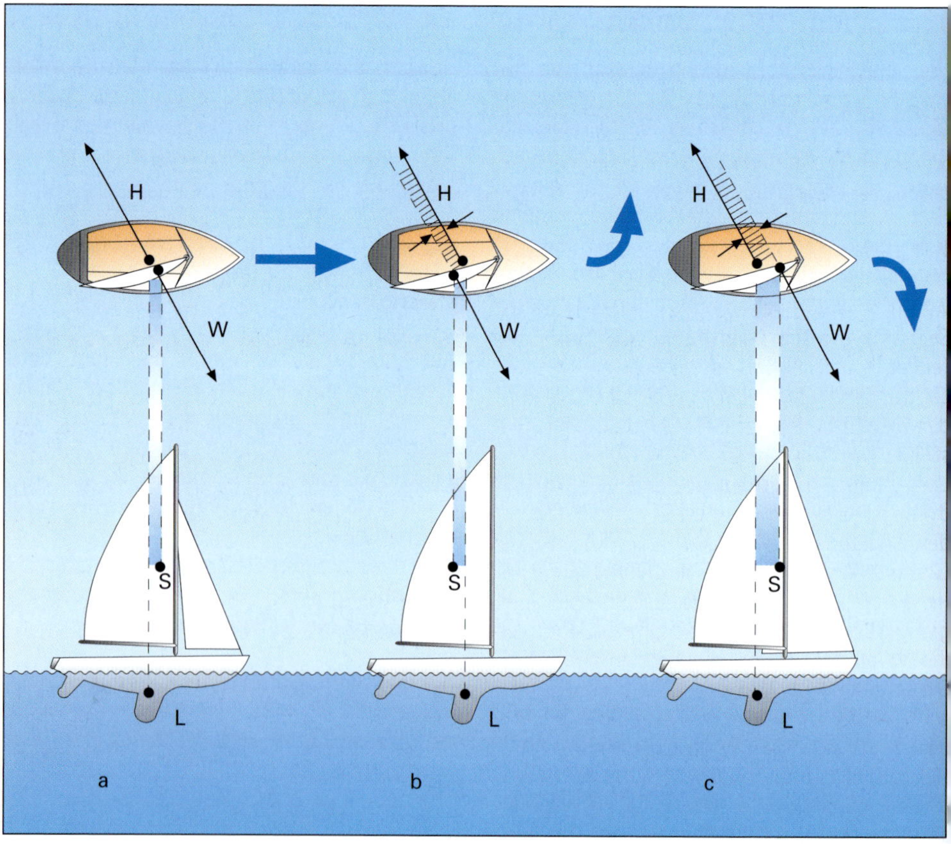

So wirkt sich Luvgierigkeit aus: Der Steuermann muss laufend Gegenruder geben (= abfallen) mit bremsender Wirkung. Wie heftig die Gegenruderlage ist, erkennt man an der gebogenen Pinne.

Wie entstehen »Luv- und Leegierigkeit«?

Wenn das Gleichgewicht zwischen der im Segelschwerpunkt *(Segeldruckpunkt S)* angreifenden *Windkraft* und der im Schwerpunkt der Lateralfläche *(Lateraldruckpunkt L)* angreifenden *hydrodynamischen Gesamtkraft gestört* ist, stimmt der Trimm nicht.
Liegen nun die Windkraft und die hydrodynamische Gesamtkraft auf einer Linie (d. h., der Segeldruckpunkt liegt etwas vor dem Lateraldruckpunkt), dann liegt das Boot »gut im Ruder», d. h., es ist weder luv- noch leegierig (Boot a in der Abbildung). Liegt nun die Windkraft hinter der hydrodynamischen Gesamtkraft (d. h., der Segeldruckpunkt liegt auf gleicher Linie wie der Lateraldruckpunkt oder sogar dahinter), so ist das Boot luvgierig (Boot b). Liegt dagegen die Windkraft vor der hydrodynamischen Gesamtkraft (d. h. der Segeldruckpunkt liegt zu weit vor dem Lateraldruckpunkt), so entsteht Leegierigkeit (Boot c). Siehe Abbildung Seite 52!

Wird ein Boot bei starker »Krängung« luv- oder leegierig?

Starke Krängung ruft *Luvgierigkeit* hervor, da jetzt der Segeldruckpunkt weit von der Mittschiffsebene weg nach außen wandert und die Vortriebskraft an einem vergrößerten Hebel angreift.

Durch welche Maßnahmen ist eine »Luvgierigkeit« zu beheben?

Man trifft Maßnahmen, die einer Leegierigkeit entgegenkommen:
Versetzung oder Neigung des Mastes nach vorne.
Größeres Vorsegel setzen.
Reffen des Großsegels.

Travellerschlitten nach Lee, das bedeutet, Großsegel abflachen (Segeldruckpunkt wandert vor).
Lateraldruckpunkt nach achtern.
(Mannschaftsgewicht nach achtern, auch leichtes Anholen eines Senkschwertes. Achtung: Ein Steckschwert kann das Gegenteil bewirken!)

Durch welche Maßnahmen ist eine »Leegierigkeit« zu beheben?

Man trifft Maßnahmen, die einer Luvgierigkeit entgegenkommen:
Versetzen oder Neigung des Mastes nach achtern.
Kleineres Vorsegel setzen.
Vergrößern des Großsegels.
Travellerschlitten von Lee zur Mitte.
Lateraldruckpunkt nach vorn. (Mannschaftsgewicht nach vorn, Senkschwert fieren.)

Wie kann man durch »wechselseitiges Killenlassen« von Groß- und Vorsegel Luv- und Leegierigkeit hervorrufen?

Man kann den Segeldruckpunkt verschieben:
Großsegel normal, Vorsegel killt: luvgierig.
Großsegel killt, Vorsegel normal: leegierig.

Wie erreichen Sie, dass Ihr Boot »von selbst« in den Wind dreht, wenn Sie die Pinne loslassen (wenn Sie z B. über Bord fallen würden)?

Das Boot durch die Maststellung leicht *luvgierig* trimmen, sodass es ohne Rudereinfluss allein in den Wind dreht.

Sie segeln mit richtig eingestellten Segeln einen Halbwindkurs und werden parallel von einem viel schnelleren Katamaran überholt, der seine Segel wesentlich dichter fährt. Erklären Sie die »unterschiedliche Segelstellung«!

Da der Katamaran schneller segelt, ist die Komponente Fahrtwind größer, weshalb der scheinbare Wind als Resultierende vorlicher als beim langsameren Boot einfällt. Somit müssen die Segel dichter stehen.

Wozu dienen »Cunningham« und »Unterliekstrecker«?

Mithilfe einer durch die *Cunningham-Kausch* über dem Großsegelhals geführten *Streckertalje* und der am Großbaum sitzenden *Unterliek-Streckertalje* können das Vorliek und das Unterliek des Großsegels während des Segelns verstellt werden. Dabei führt eine größere Spannung der Lieken zu einem flacheren Segelprofil.

Welche »Trimmeinrichtungen« zum Beeinflussen des Segelprofils kennen Sie?

Cunningham-Einrichtung, *Unterliekstrecker*, *Traveller* und *Großbaumniederholer*. (Spezielle Einrichtungen wie Verstellmöglichkeiten von Wanten und Stagen seien hier nicht erwähnt!)

Wann sollte ein Großsegel jeweils »flacher« oder »gewölbter« getrimmt werden?

Je nach Windverhältnissen und Kurs gibt es Unterschiede:
Je stärker der Wind, desto flacher soll das Großsegel getrimmt werden. Bei leichtem Wind ist mehr Wölbung erwünscht. Für Amwindkurse ist ein flacheres Segel besser, für Raum- und Vorwindkurse bringt eine größere Wölbung mehr Vortrieb.
Sofern die Trimmeinrichtungen *Cunningham* und *Unterliekstrecker* nicht vorhanden sind, kann man vor dem Segeln die Lieken spannen, indem man das Schothorn kräftig nach achtern zieht und befestigt und den Großbaum beim Mast nach unten zieht.

Was ist ein »Traveller«?

Der *Traveller* für die Großschot ist ein wichtiges Trimmgerät für das Großsegel. Er besteht aus einer Leitschiene, die bei der Mittelschotführung quer über das Cockpit (z. B. auf einem Reitbalken), bei der Heckschotführung hinten am Heck montiert ist. In dieser Schiene läuft auf einem Schlitten einer der Blöcke der Großschot. Besonders beim Amwindsegeln ist die Arbeit mit dem Traveller wichtig, da bei einem weiter gefierten Großsegel trotzdem ein senkrechter Zug mit Segelabflachung möglich ist. Allgemein gilt: je stärker der Wind, umso mehr den Schlitten nach Lee verschieben.

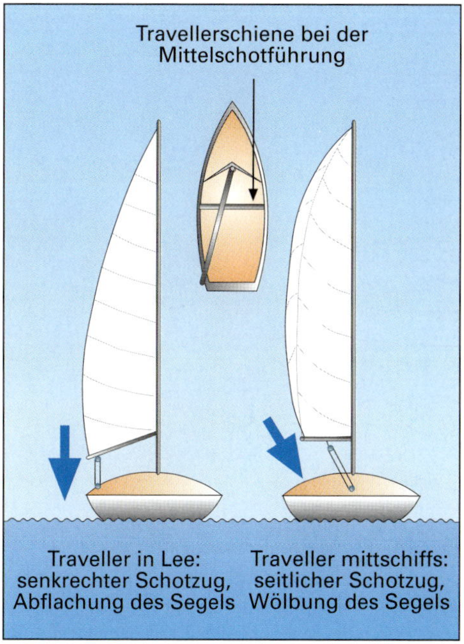

Was ist ein »Baumniederholer« und wozu dient er?

Die einfachste Art des *Großbaumniederholers* (auch -niederhalter genannt) ist eine kleine Talje, die tief unten am Mast befestigt ist und

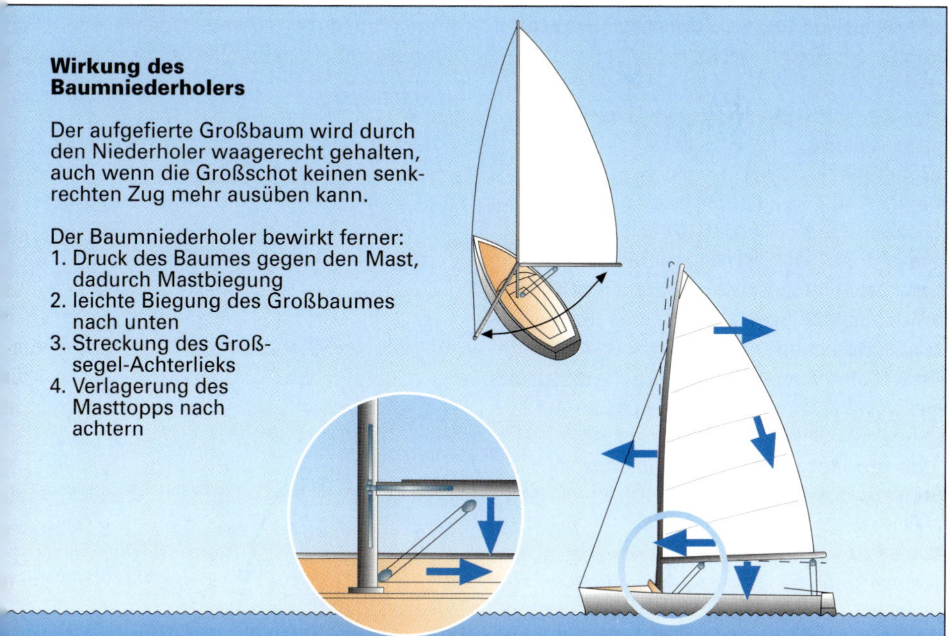

Bei dieser Korsarjolle erkennt man deutlich den quer über das Cockpit verlaufenden Reitbalken mit der darauf montierten Travellerschiene. Der Travellerschlitten mit dem Großschotblock wird hier gerade ziemlich mittschiffs gefahren (= Stellung für leichteren Wind). Bei diesem Wind und dieser Krängung wäre allerdings ein Verschieben mehr nach Lee besser gewesen!

in einer ca. 45°-Richtung zum vorderen Viertel des Großbaumes verläuft. Durch diese Trimmeinrichtung erreicht man bei Bedarf einen Zug des Großbaumes nach unten, man kann wiederum die Segelwölbung und Achterliekspannung beeinflussen. Insbesondere verhindert man bei raumen Kursen ein Steigen des Baumes mit Verwinden des Segels.

Was versteht man unter dem »Anstellwinkel« des Segels?

Winkel zwischen der Richtung des scheinbaren Windes und der Segelstellung (genauer: der Sehne der Segelkrümmung, d. h. etwa Großbaum).

Was ist ein »Fockschotholepunkt«?

Der Punkt auf dem Seitendeck (Stb und Bb), durch den die *Fockschot* läuft. Es handelt sich in einfacher Ausführung nur um eine feste Leitöse, die unverstellbar ist. Meist läuft die Fockschotleitöse verstellbar auf einer Schiene.

Wie ist ein »verschiebbarer Fockschotholepunkt« einzustellen?

Unter- und Achterliek des Vorsegels müssen bei dichtgeholter Fockschot unter gleichem Zug stehen, andernfalls sind die Holepunkte zu versetzen. Dabei gilt: Killt das *Achterliek*, muss der Holepunkt nach vorne geschoben werden. Killt das *Unterliek*, muss der Holepunkt nach achtern (Abb. S. 56).

Guter Seiten- und Längstrimm! Die Steuerfrau dieser 470er-Jolle sitzt so weit vom Heck entfernt neben dem Traveller, dass die untere Kante des Spiegels frei ist und nicht bremsend ins Wasser taucht (Längstrimm).
Außerdem hat die Crew so viel Gewicht nach Luv verlagert, dass die Jolle ziemlich aufrecht segelt (Seitentrimm).
Der Vorschoter kann bei zunehmendem Wind an der kleinen Talje vor sich den Trapezdraht verlängern und sich somit noch etwas mehr nach außen stellen.

Was verstehen Sie unter »Längstrimm« und »Seitentrimm« einer Jolle?

Unter *Längstrimm* versteht man eine richtige Längslage des Bootes. Diese muss so beschaffen sein, dass z. B. bei Jollen das Heck nicht zu weit ins Wasser taucht und bremsende Wirbel erzeugt. Der Steuermann sitzt also (Ausnahme beim Gleiten und Vorwindkurs bei starkem Wind) weggerutscht vom Heck zusammen mit seinem Vorschoter etwa in Schiffsmitte. Unter *Seitentrimm* ist die Seitenlage eines Bootes gemeint, d. h. die mehr oder weniger starke Krängung. Dazu ist zu bemerken:

Jollen sollen bei viel Wind möglichst aufrecht gesegelt werden (allein schon, um eine Luvgierigkeit zu vermeiden). Bei schwachem Wind empfiehlt sich eine leichte Krängung nach der Leeseite. In diesem Fall stehen die Segel besser und die benetzte Fläche ist geringer, d. h., die Reibung ist kleiner. Falsch wäre eine Krängung nach Luv! (Hierbei kann es aber Ausnahmen vorm Wind geben, wie z. B. bei den Einhandjollen Finn, Laser oder Europe, die bei Regatten hier mit deutlicher Luv-Krängung segeln.)

Wie findet man den »bestmöglichen Anstellwinkel«?

Bei den Kursen im *Auftriebsbereich* (alle Kurse außer Vorwindkurs) fiert man die Segel, bis sie etwas killen (genauer: bis ein kleiner Gegenbauch im Vorliekbereich erscheint) und holt sie anschließend wieder etwas an, bis das Killen (der Gegenbauch) verschwindet.

Vor- und Großsegel müssen gleich eingestellt werden. Ist das Vorsegel zu dicht, drückt seine Luvströmung ins Großsegel und ruft dort einen Gegenbauch hervor. Auf Vorwindkurs fiert man die Segel, so weit es die Takelage erlaubt.

Verändert sich der »Anstellwinkel«, wenn man von einem Amwindkurs auf einen Raumwindkurs abfällt?

Die Segelstellung verändert sich zwar (die Segel müssen gefiert werden), da aber die Segeleinstellung irnmer auf den jeweiligen scheinbaren Wind gleich bezogen sein muss, bleibt der Anstellwinkel gleich.

Boote klarmachen und ablegen, hier bei einer Segelschule: Diese Piratenjollen liegen auf der Leeseite eines Steges als Voraussetzung zum Segelsetzen. Verschiedene Möglichkeiten zum Ablegen werden wahrgenommen: Eine Jolle liegt noch innerhalb der Box und soll dann nach dem Segelsetzen rückwärts rausgesegelt werden. Drei Jollen wurden zu einem ihrer Heckpoller verholt, um dort die Segel zu setzen. Eine Jolle hat bereits abgelegt und segelt nun nach einer Drehung vorwärts aus dem Hafen. Das Boot im Vordergrund wird zunächst aus dem Hafen gepaddelt, ehe es in den Wind gelegt und frei treibend die Segel gesetzt werden.

Wie sieht »Segelklarmachen« aus?

Alle Vorbereitungen, die dem Segelsetzen vorausgehen, nennt man *Segelklarmachen.* Also: Anschlagen an Großbaum, Latten rein, Hals und Schothorn befestigen, Kopf anschäkeln, Großschot klarlegen, Kopf und Hals der Fock anschäkeln, Fockschot festschäkeln, Fallen klarlegen.

Worauf achten Sie, bevor Sie Ihr »Großsegel setzen«?

Ob das Boot *im Wind* liegt. Prinzipiell soll das Großsegel (Vorsegel kann beliebig gesetzt werden!) nur hochgezogen werden, wenn das Boot im Wind liegt, d. h. an einer Boje oder an der Leeseite eines Steges.
Liegt das Boot nicht im Wind, dann gibt es nur drei Möglichkeiten:

Das Boot an eine Leeseite verholen. An eine Boje paddeln.
Vom Steg wegpaddeln, in den Wind stellen und dann Segel setzen.
Je nach Verhältnissen kann man statt zu paddeln auch mit dem Vorsegel allein segeln.

Sie sind vom Steg weggepaddelt und haben im Wind stehend das Großsegel teilweise gesetzt. Nun »dreht das Boot aus dem Wind«. Was tun Sie?

Das Großsegelsetzen unterbrechen, den Großbaum etwas anholen und mit dem teilweise gesetzten Segel so viel Fahrt aufnehmen, bis das Boot steuerbar wird. Nun wieder aufschießen und mit dem Segelsetzen weitermachen.
Tipp: Solche kleinen Probleme kann man umgehen, wenn man das Segelsetzen beim Rückwärtstreiben vornimmt (mit einigen Paddelschlägen für Rückwärtsfahrt sorgen).

In welcher »Reihenfolge« sollen die Segel geborgen werden?

In der Regel von vorne nach achtern, also zuerst Vorsegel, dann Großsegel.
Es gibt aber Ausnahmen: wenn das Vorsegel noch benötigt wird, z. B. bei einem Luvanlegemanöver oder beim Hineinfahren mit achterlichem Wind in einen Hafen.

Wie lauten die Kommandos zum »Segelsetzen« und »Segelbergen«?

Segelsetzen:
»Klar zum Setzen des . . . segels!« (auch möglich: »Klar bei Fock-/Großfall!«)
Rückmeldung: ». . . segel ist klar zum Setzen!«
(bzw. ». . . fall ist klar!«)
»Heiß . . . segel!«
Segelbergen:
»Klar zum Bergen des . . . segels!«
(auch möglich: »Klar bei Fock-/Großfall!«)
Rückmeldung: ». . . segel ist klar zum Bergen!«
(bzw. ». . . fall ist klar!«)
»Hol nieder . . . segel!«

Wie setzt ein erfahrener Jollensegler die »Fock« richtig durch?

Er zieht am *Vorstag* an, neigt dadurch den Mast etwas nach vorne und kann so die Fock bequem durchsetzen. Nicht angebracht ist diese Methode, wenn die Fock mit Stagreitern am Vorstag eingepickt ist, und überflüssig ist sie, wenn eine Hebelstreckeinrichtung oder eine Talje vorhanden ist. Eine schlecht durchgesetzte Fock ist auf Amwindkurs sehr nachteilig: Die Fock killt zu früh, und man kann weniger Höhe laufen.

Bei kleineren Booten ohne Hebelstreckeinrichtung oder Streckertalje kann man die Fock nur durch einen solchen Zug am Vorstag gut durchsetzen.

Wie legt man ein Segel richtig zusammen?

Vom Unterliek ausgehend, legt man es fächerförmig in Bahnen. Selbstverständlich soll der Untergrund, auf dem das Segel ausgebreitet ist, sauber und trocken sein. Aufstützen auf das Tuch mit Händen oder Knien schadet. Ist es in Bahnen gelegt, rollt man es vom Vorliek her locker ein und verstaut es im Sack. Aber nicht vergessen: vorher die Segellatten aus den Lattentaschen herausziehen. (Obere 4 Fotos.)

Unten: Eine Fock mit Drahtvorliek kann man zum Verstauen auch so zusammenlegen.

Worauf achten Sie beim »Bergen des Großsegels«?

Das Boot muss *im Wind* liegen.
Das Segel soll nicht irgendwie heruntergezerrt werden, sondern man zieht dort am Vorliek, wo es aus der Mastnut herausläuft.
Der Großbaum darf nicht auf Deck knallen: Bei kleineren Booten greift der Steuermann an den Baum, bei größeren Booten wird vorher die Dirk angeholt.

Wie lassen Sie Ihr Boot am Ende eines Segeltages am »Liegeplatz« zurück?

Nach dem *Klarschiff*-Machen (Segel und Schoten aufräumen usw.) heißt es natürlich *Reinschiff* (saubermachen und lenzen).
Dann wird bei einer Jolle das Schwert ganz hochgezogen (das Ruderblatt sollte bereits oben sein bzw. der ganze Ruderapparat wurde ausgehängt). Nun Persenning drüber – und gegebenenfalls noch die Festmacheleinen kontrollieren.

Was heißt »Ausreiten«?

Ausreiten bedeutet das mehr oder weniger starke Außenbordsetzen des Steuermanns bzw. der Mannschaft, um ein Boot bei viel Wind möglichst aufrecht zu segeln. Je stärker der Wind ist, umso stärker muss man ausreiten, d. h. außenbords »hängen«. Bei den modernen Gleitjollen wird das Ausreiten unterstützt durch den Vorschoter, der ins Trapez geht.

Wer bei stärkerem Wind mit einer Jolle gut segeln möchte, muss auch als Steuermann in dieser typischen Art ausreiten (Gesäß außenbords, Oberkörper aufrecht). Besonders wirkungsvoll ist es auch, wenn der Vorschoter im Trapez steht.

'um Auftuchen rafft man das Großsegel mit Griff ın Vor- und Achterliek »ziehharmonikaförmig« zu-'ammen und zurrt es mittels Bändseln, Zeisingen, ler Großschot oder der Schleppleine auf dem ;roßbaum fest (1 + 2). Zum Festzurren ist die »Häkelmethode« mit einer Leine (Großschot?) esonders elegant (3). Man legt jeweils eine 3ucht, in die man dann wieder eine Bucht steckt. Venn ein Aufrollen des Segels problemlos möglich st (immer bei kleinen Booten), dann wäre dies für las Segel deutlich schonender (4). Man muss in liesem Fall den Segelkopf abschäkeln.

ie lassen Ihr Boot während einer 'affeepause an einem Steg liegen. Was nachen Sie mit Ihren Segeln?

uf keinen Fall gesetzt und somit unnötig illen lassen! Die geborgenen Segel nicht infach herumliegen lassen, sondern vor inem Auswehen schützen. Dazu wird das 'orsegel festgezurrt oder abgeschlagen, das roßsegel tucht man auf dem Großbaum auf.

Worauf achten Sie, wenn Sie mit einer Jolle mit »Senkruder« segeln?

Sofern keine Untiefen zu überwinden sind, muss das Ruderblatt richtig *abgesenkt* sein (nahezu senkrecht), sonst entsteht ein zu starker Druck, der das Steuern behindert und den Ruderapparat beschädigen könnte.

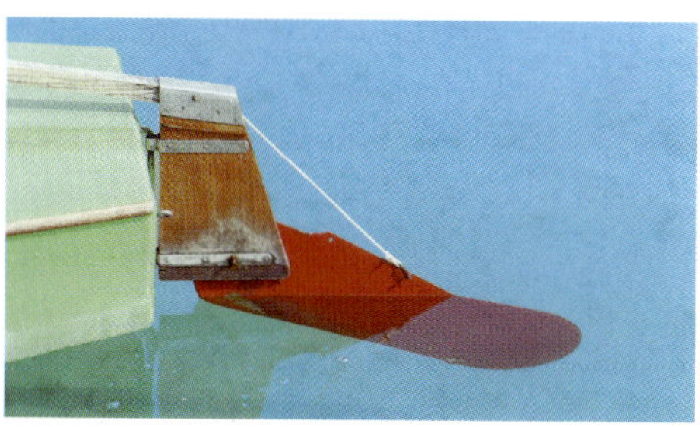

Dieses Ruderblatt ist zu wenig abgesenkt.

Welche Einrichtung am Ruderapparat ermöglicht dem Steuermann das »Ausreiten« bei einer Jolle?

Der *Pinnenausleger* an der Pinne, der eine Art verlängerten Arm darstellt. Er ermöglicht auch die richtige Sitzposition im Hinblick auf den Längstrimm (weg vom Heck).

Ohne Pinnenausleger ist sportliches Jollensegeln nicht möglich. Dieser Griff von unten her an den Ausleger ist bei Regattaseglern üblich und zu empfehlen, da der Arm entspannt ist. Hier sieht man auch vorbildliches Ausreiten.

Dieser Korsar-Steuermann greift von oben den Ausleger, und man kann deutlich sehen, wie wenig entspannt der Arm ist.
Wenn der Steuermann auch mehr in der obigen Art ausreiten würde, könnte er das Boot aufrechter halten – aber allein schon wegen der unzweckmäßigen sommerlichen Bekleidung ginge dies kaum.

Sie haben alles zum »Ablegen« vorbereitet. Was sollten Sie zunächst noch tun?

Es ist ratsam, den Blick zunächst noch mal über das ganze Boot schweifen zu lassen, ob wirklich alles klar ist. Folgendes könnte man z. B. kontrollieren: Wantenspanner gesichert, Verklicker funktionstüchtig, Mindestausrüstung vorhanden, Hals und Schothorn des Großsegels befestigt, Segellatten eingeführt, Großsegel ganz hochgezogen, Fock richtig durchgesetzt, Ruderblatt richtig eingestellt, Schwert je nach Wassertiefe richtig abgesenkt, Großschot nicht verdreht?

Was versteht man unter »Backhalten« der Fock?

Man hält die Fock auf der »falschen Seite« hinaus, in diesem Fall auf die Luvseite. Wenn man eine Wende fährt, die Fock dabei aber nicht überholt, sondern stehen lässt, so steht die Fock back. Das Backhalten kann entweder durch die Fockschot geschehen (z. B. beim Beidrehen) oder so, dass der Vorschoter die Fock mit Griff am Schothorn hinaushält.

Welche »Mindestausrüstung« muss bei einer Jolle an Bord sein?

Pro Person eine Rettungsweste, Paddel, Ösfass (Gefäß zum Lenzen), ein kleiner Anker.

Wann wendet man das »Backhalten« der Fock an und welches Kommando gibt man dazu?

Achteraussegeln kann man mit back gehaltener Fock. In diesem Fall muss aber die Fock weit nach vorne back gehalten werden. (Besser ist das Achteraussegeln mit back gedrücktem Großsegel!) Beim Ablegen von einem Steg auf der Leeseite kann man sich gegebenenfalls erst aus einer Lücke rückwärts

hinaustreiben lassen, dann wird auf alle Fälle die Fock als Drehhilfe back gehalten, damit der Bug seewärts gedrückt wird.
Beim Ablegen von der Boje hält man die Fock back, damit der Bug auf Amwindkurs dreht.
Wenn ein Boot ganz allgemein im Wind steht, wird man durch Backhalten der Fock den Bug entsprechend wegdrehen, um Fahrt aufzunehmen.
Zum Beidrehen hält man die Fock back. Hat man beim Wenden Schwierigkeiten, durch den Wind zu drehen, so hilft ein Backhalten der Fock.
Kommando:
»Fock back an . . . bord«! (z. B. Steuerbord)
». . . über die Fock!«

Wie lauten die Kommandos beim »Ablegen vom Steg« (Leeseite)?

»Klar bei Vorleine!«: Die Vorleine wird klargelegt, aber noch nicht losgelassen.
Rückmeldung:
»Vorleine ist klar!«
»Vorleine los! – Fock (Großsegel) back an . . . bord!«
Rückmeldung: »Vorleine ist los!«
Sobald das Boot entsprechend gedreht hat, gibt der Steuermann das Kommando: »Über die Fock!« – und gegebenenfalls: »Schoten anholen!«
Hinweis: Bei einem größeren Boot, das noch mit Achterleine(n) und mit Vor- und Achterspring befestigt ist, müssten auch die Kommandos für diese Leinen folgen.

Wie lauten die Kommandos beim »Ablegen von der Boje«?

(Zuerst die Kommandos zum Segelsetzen!)
»Boje an . . . bord kurzstag holen!«
Rückmeldung: »Boje ist kurzstag!«
»Klar zum Loswerfen der Boje!«
Rückmeldung: »Boje ist klar!«
»Fock (Großsegel) back an . . . bord!«
»Los vorne!« Rückmeldung: »Boje ist los!«
»Über die Fock!«
(bzw. »über Großsegel!«)

Was ist ein »Aufschießer«?

Der *Aufschießer* ist zusammen mit dem Loswerfen der Schoten die Bremse an Bord. Man dreht das Boot genau in den Wind und lässt es austreiben, bis es steht. Der Aufschießer ist das Grundprinzip des Anlegens in Lee oder an der Boje. Zu beachten ist dabei, dass man sich beim Aufschießer am *wahren Wind* (gegen den man ja aufschießen muss) orientiert und nicht am *scheinbaren Wind*. Das Manöver fährt man am besten aus Halbwindkurs. Die Kommandos lauten: »Klar zum Aufschießen!« (Rückmeldung: »Ist klar!«) »Schoten los!«

Warum fährt man einen »Aufschießer« am besten aus einem Halbwindkurs?

Zwar kann man aus allen Kursen heraus aufschießen, beim Halbwindkurs ist aber die Orientierung zum Ziel hin besser, außerdem kann man bei Bedarf noch gut korrigieren (d. h. vor dem Aufschießen anluven oder abfallen).

Wie kann man beim »Aufschießer« mit kleineren Booten bei Bedarf stärker bremsen?

Befürchtet man zum Steg oder zur Boje hin eine zu kurz bemessene Aufschießerstrecke, so gibt man deutlich vor dem Aufschießen die Schoten los und legt dann ganz schnell (bremsende Wirkung!) das Ruder. Ist ein weiteres Bremsen notwendig, so wirkt sehr gut das »Einlegen des Rückwärtsgangs«. Der Rückwärtsgang beim Segelboot ist das Backdrücken des Großsegels. Sofern man nicht speziell rückwärts segeln möchte, drückt man zum Bremsen das Segel nur kurzzeitig und bei Bedarf mehrmals back.

Zum Bremsen bzw. Rückwärtssegeln drückt bei kleinen Booten (besonders Jollen) der Steuermann am besten selbst und in normaler Sitzposition das Großsegel back.

Die Aufschießerstrecke ist zu lang bemessen. Was können Sie tun?

Natürlich könnte man noch mal umkehren und neu anfangen. Aber es gibt bessere Möglichkeiten: Man legt zum Aufschießen ganz vorsichtig Ruder und lässt die Schoten ausnahmsweise spät los – das Boot verliert dann weniger Fahrt. Hilft dies aber zu wenig, so kann man noch Fahrt aufnehmen durch Abfallen und kurzes Anholen der Großschot (dabei an die ganze Talje greifen und nicht erst die Schot durch die Blöcke holen!).

Wie ist die »Aufschießerstrecke« zu bemessen: a) bei einem schweren Segelboot, b) bei einer Gleitjolle, c) bei starkem Wind, d) bei schwachem Wind?

a) Ein schweres Segelboot (alle Yachten z. B.) treibt länger aus: also längere Aufschießerstrecke!

b) Eine leichte Gleitjolle wird vom Wind schnell gebremst: also kurzen Aufschießer!

c) Je stärker der Wind und je höher die Wellen, umso mehr wird das Boot gebremst: also kürzeren, z. T. ganz kurzen Aufschießer.

d) Je leichter der Wind und je glatter das Wasser, umso länger treibt das Boot aus: also lange Aufschießerstrecke.

Was ist ein »indirekter Aufschießer«?

Eine kleine Variante des »normalen« (direkten) Aufschießers, die speziell auch beim Boje-(Mann-)über-Bord-Manöver angewendet wird, ist der indirekte Aufschießer, auch *Nahezuaufschießer* genannt. Das Boot treibt jetzt nicht direkt gegen den Wind zum Ziel hin, sondern etwas schräg (Amwindkurs, aber mit losgeworfenen Schoten). Jetzt wird lediglich der gedachte Aufschießerpunkt etwa drei bis fünf Bootslängen vor oder hinter den Punkt des direkten Aufschießers verlegt.

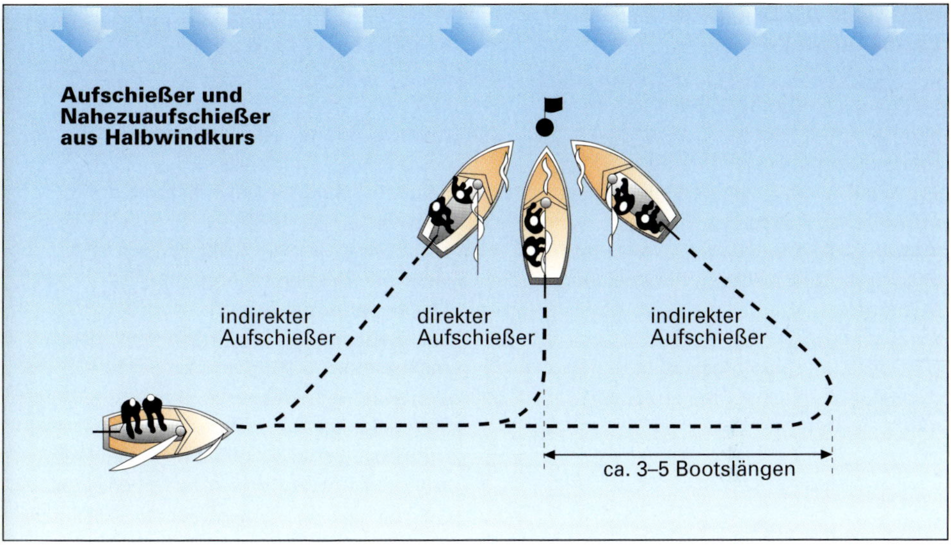

Nachteil: Wirkungsvolles Bremsen wie beim direkten Aufschießer geht nicht. Vorteil: Bei der Möglichkeit des »Verhungerns« kann man problemlos durch kurzzeitiges und mehrmaliges leichtes Anholen des Großsegels wieder mehr Fahrt machen. Beim indirekten Aufschießer plant man deshalb am besten eine längere Aufschießerstrecke ein.

Welches ist das Grundprinzip des »Anlegens an einen Steg in Luv« und wie lauten die Kommandos (in der richtigen Reihenfolge!)?

Grundprinzip: Die Segel werden vorher geborgen, das Boot treibt »ohne Tuch« zum Steg hin.
Kommandos:
(Zuerst Klarlegen des Großfalls)
»Klar zum Aufschießen!«
Rückmeldung: »Ist klar!«
»Schoten los!« / »Hol nieder Großsegel!«
(Wenn notwendig: »Fock back an . . . bord!« / »Über die Fock!«)
(Kommandos zum Vorsegelbergen)
»Klar bei Vorleine (Achterleine/Vor-/Achterspring)!«
Rückmeldung: ». . . ist klar!«
». . . leine (. . . spring) an Land!«
Rückmeldung: ». . . ist an Land!«

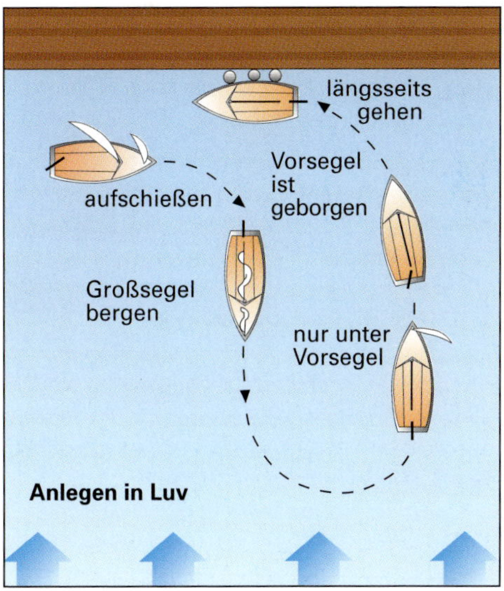

Wie lauten die Kommandos beim »Anlegen an eine Boje«?

»Klar zum An-die-Boje-Gehen!«
»Klar zum Bergen des Vorsegels!«
(bzw. »Klar bei Fockfall!«) Rückmeldung:
»Vorsegel ist klar zum Bergen!« (bzw.
»Fockfall ist klar!«)
»Hol nieder Vorsegel!«
»Klar zum Aufschießen!« Rückmeldung:
»Ist klar!«
»Großschot los!«
(Rückmeldung: »Boje gefasst!«
(Kommandos zum Großsegel bergen)
»Alles aufklaren!«

Wie lauten die Kommandos beim »Anlegen an den Steg« (Leeseite)?

»Klar zum Anlegen (an Bb/Stb)!«
(Sofern Vorsegel geborgen werden soll: die betreffenden Kommandos)
»Klar zum Aufschießen!« Rückmeldung:
»Ist klar!«
»Schoten los!« (»Großschot los!«)
»Klar bei Vorleine (Achterleine/Vor-/Achterspring)!«
Rückmeldung: ». . . ist klar!« / »Vorleine (Achterleine . . .) ist an Land!«
»Vorleine (Achterleine . . .) fest!«
Rückmeldung: ». . . ist fest!«

Hinweis: Beim schulmäßigen Anlegen mit größeren Booten birgt man vor dem Anlegen das Vorsegel. Bei kleinen Booten fährt man in der Praxis das Manöver mit Vorsegel.

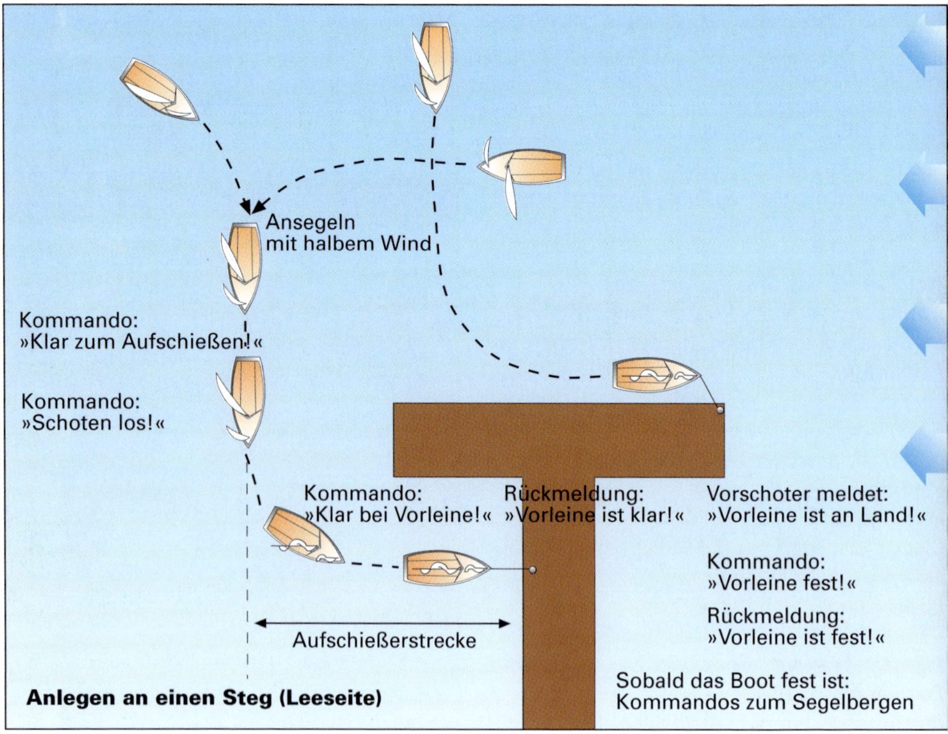

Anlegen an einen Steg (Leeseite)

Anlegen: Dieses Boot fährt gerade in die Box, der Wind kommt von hinten, weshalb die Segel bereits geborgen sind. Ein Segler hat die Vorleine klargelegt in der Hand und ist bereit auszusteigen. Der Steuermann (verdeckt) wird sich um die Heckleinen kümmern. Beim Boot rechts sieht man so eine Heckleinenbedienung. Beim Boot links schlägt einer gerade die Segel ab, während der andere das Ruderblatt hochzieht und die Pinne festbindet. Das Schwert bleibt noch unten, man zieht es erst am Schluss hoch.

Hafen des Segelzentrums der Münchner Hochschulen am Starnberger See mit Piratenjollen. Die meisten Boote in der oberen Reihe sind mit der Persenning abgedeckt. Bei denen in der rechten Reihe sieht man deutlich die korrekt hochgezogenen Ruderblätter und Schwerter. Die Vorleinen sind nicht zu kurz gespannt.

Können Sie Ihr Boot an der »Luvseite eines Steges« liegen lassen?

Ohne Pfähle zum Festmachen von Achterleinen oder ohne gut haltenden Heckanker kann man ein Boot auf einer Luvseite auf keinen Fall ohne Bewachung liegen lassen! Das Boot wird an den Steg gedrückt (Achtung: Fender dazwischen!) und kann bei stärkerem Wind und Wellengang ganz zu Bruch gehen! Bei ungünstigen Bedingungen kann man bei einer Luvseite überhaupt nicht anlegen!

Was ist »Kreuzen«?

Je nach Bootstyp kann man in einem mehr oder weniger großen Winkel zum Wind segeln, im Durchschnitt etwa bis zu 45° (Amwindkurs, Hartamwindkurs). Will man nun ein Ziel anlaufen, das direkt in Windrichtung (in Luv) liegt, so muss man *kreuzen*. D. h., man segelt am Wind mit verschiedenen »Schlägen« – im Wechsel mit Wind von Backbord und mit Wind von Steuerbord – einen Zickzackkurs: einen *Kreuzkurs* oder die *Kreuz*. Man unterscheidet hierbei den *Holebug*, bei dem man Höhe heraussegelt, sich dem Ziel aber nur indirekt nähert und den *Streckbug*, bei dem man sich dem Ziel nähert.

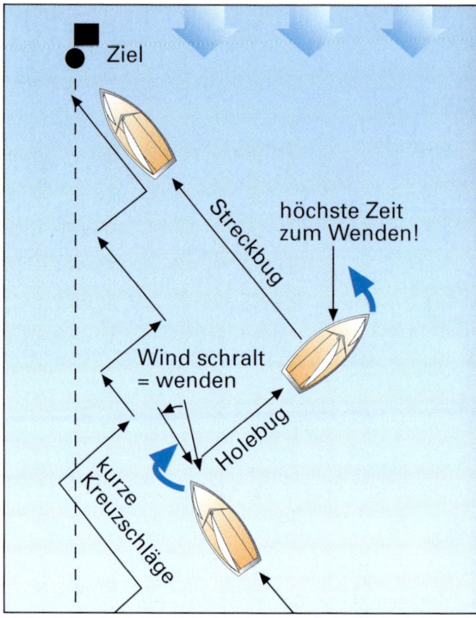

Korsare auf Kreuzkurs: Das linke Boot fährt mit Wind von Backbord und muss ausweichen.

Laser beim Gleiten. Der Steuermann unterstützt das Hochsteigen des Bugs, indem er weiter achtern sitzt als sonst. Das Schwert ist ein Stück hochgezogen.

Was ist »Gleiten«?

Leichte, unten flach gebaute Boote (insbesondere die so genannten *Gleitjollen*, wie z. B. Laser, 470er, Korsar) können die *Verdrängerfahrt* (Wellensystem: Bugwelle – Wellental – Heckwelle) verlassen und etwa ab 3 Windstärken ins *Gleiten* kommen.
Der typische Gleitkurs ist der Raumwindkurs, dabei steigt der Bug vorne hoch, das Boot sitzt auf der eigenen Bugwelle, die Heckwelle bleibt achteraus.
Zur guten Gleittechnik gehören: Schwert etwa halb hoch, Besatzung weiter nach achtern, Baumniederholer dichtsetzen, Boot gut aufrecht halten.

Erklären Sie das Manöver »Wenden«!

Das *Wenden* ist das typische Manöver, das beim Kreuzen laufend vorkommt. Wichtig dabei: Das Boot muss auf Am- bzw. Hartamwindkurs mit dichten Segeln liegen. Segelt man z. B. mit Wind von Steuerbord, so dreht beim Wenden das Boot mit seinem Bug durch den Wind und segelt weiter mit Wind von Backbord.

Beim schulmäßigen Segeln gibt der Steuermann als Auftakt zu diesem Manöver das Kommando: »Klar zum Wenden!« Der Vorschotmann legt nun die Fockschot klar und meldet zurück: »Ist klar!«
Der Steuermann gibt hierauf das Ausführungskommando »Ree!« (oft auch »Rhe« geschrieben), legt Ruder, d. h., er luvt an und dreht durch den Wind, bis er wieder Gegenruder gibt für den neuen Kurs. Währenddessen lässt der Vorschoter die Fock lose, um sie auf der anderen Seite wieder dichtzuholen.
Das Großsegel bleibt im Großen und Ganzen dicht, es kann sogar belegt bleiben (es wird nur bei einer Bö gefiert, um die Krängung abzustellen).
Siehe auch Fotoreihe Seite 72/73.

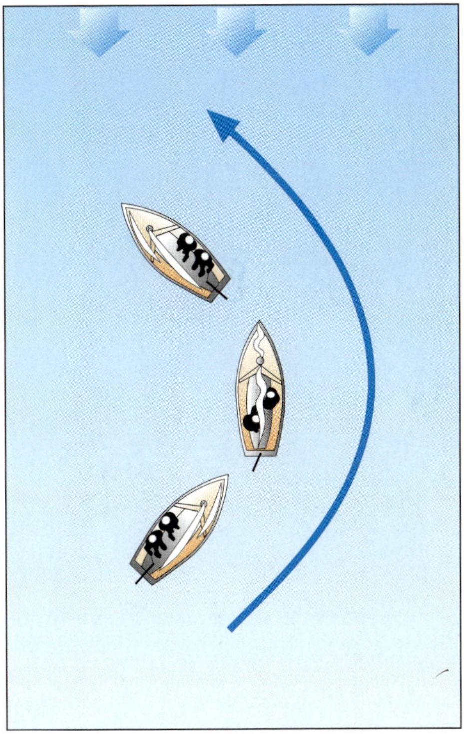

Wenden bei Wind von Backbord. Nach der Wende kommt der Wind von Steuerbord.

Durch welche Maßnahme kann man eine »Wende« unterstützen, wenn der Bug schlecht durch den Wind dreht?

Wird das Wenden fehlerhaft ausgeführt, z. B. bei mangelnder Fahrt (weil die Segel nicht auf Amwindkurs standen), kann es Schwierigkeiten geben, durch den Wind zu drehen. Dies geschieht auch öfter bei schwerfälligeren Tourenyachten oder bei starkem Wellengang. In diesem Fall lässt man die Fock zunächst stehen, d. h., man lässt die Fock back und unterstützt dadurch die Drehung. Bei Gleitjollen mit großer Genuafock kann andererseits ein unfreiwilliges Backstehen des Vorsegels bei starkem Wind ein Kentern bewirken!

Eine wichtige Phase beim Wenden: Der Steuermann ist gerade unter dem Großbaum »durchgetaucht« (in der Bildreihe das 4. Foto) und hat sich aufgerichtet. Die Schothand übernimmt hinter dem Rücken mit der Großschot den hochgestellten Pinnenausleger. Die rechte Hand wird frei und übernimmt dann die Schot.

Welche Feinheiten für ein gutes Wendemanöver kennen Sie?

Das Ruder darf nicht zu schnell (= bremsend) gelegt werden.
Erst wenden, wenn das Boot gute Fahrt macht.
Nicht in einen größeren Wellenberg hineinwenden.
Segel nicht lange killen lassen und Fockschot nicht zu früh loswerfen.
Ein günstiger Augenblick zum Wenden ist, wenn das Boot gerade luven will. Rechtzeitig Platz wechseln, um sofort wieder trimmen zu können.
Den Platzwechsel praktiziert der Steuermann am gekonntesten, wenn er nach dem Überkommen des Großbaums kurz aufsteht, den Pinnenausleger dabei hochklappt und im Stehen den Handwechsel an Ausleger und Schot

Wenden mit einer 470er-Jolle:
Aus Amwindkurs (hier mit Wind von Backbord) anluven und durch den Wind drehen. Der Steuermann bleibt dabei sitzen, bis der Großbaum zur Mitte kommt. Während des Platzwechsels aufstellen, die Schothand (hier die linke Hand) übernimmt hinter dem Rücken den hochgeklappten Pinnenausleger. Die frei gewordene vorhergehende Steuerhand greift nun die Schot. Dann geht es wieder weiter mit Wind von Steuerbord.

Hinweis: *Bei den beiden letzten Fotos sieht man, dass das Ruderblatt nicht ganz abgesenkt ist. Dies ist eigentlich ein grober Fehler. Aber das Wasser war bei dieser Demonstration zu seicht, man musste das so in Kauf nehmen.*

(hinter dem Rücken) vollzieht (gilt für Bootstypen in der Art von Korsar, 470er, 420er, FD, Tempest, Kielzugvogel usw.).

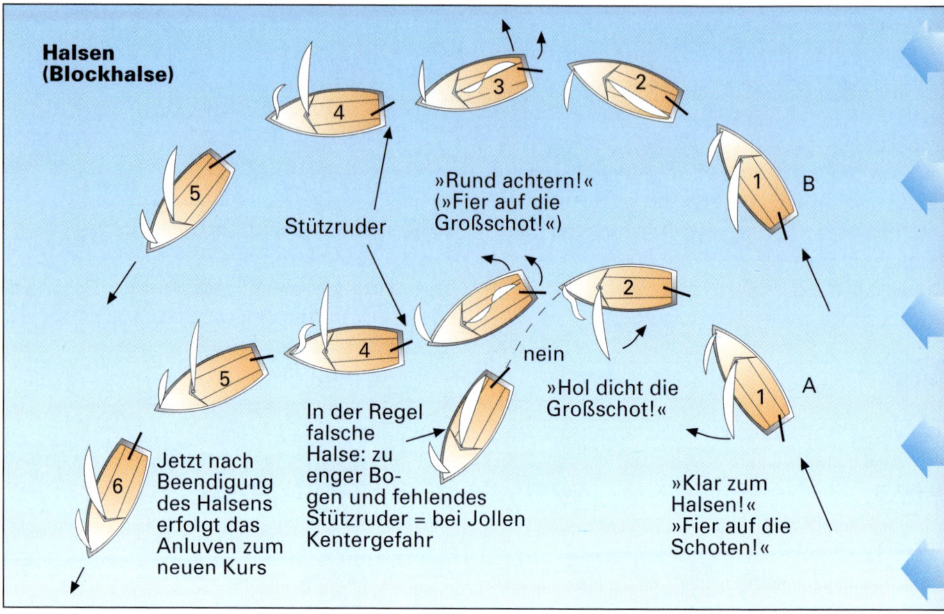

Boot B umgeht richtigerweise die Gefahr einer Patenthalse (= in Position 2 von A), indem bereits das Großsegel dichtgeholt wird, bevor das Boot ganz abgefallen ist (= Position 2 von B). Mit dichtem Großsegel dreht es dann mit dem Heck durch den Wind (3), der Steuermann fiert sofort auf und gibt auch Stützruder (4).

Was ist »Halsen«?

Halsen ist das Manöver, das auf Vorwindkurs stattfindet, wenn das Heck durch den Wind drehen soll. Hierbei wird vor dem Wind das gut aufgefierte Großsegel auf die andere Seite geholt, anschließend luvt man wieder an auf den neuen gewünschten Kurs.

Im Gegensatz zum Wenden ist der Geschwindigkeitsverlust unbedeutend, das Manöver spielt sich also unter Umständen unter voller Fahrt ab.

Bei sehr starkem Wind und ungerefft ist das Halsen mit Vorsicht zu genießen, bei Jollen besteht Kentergefahr.

Wie wird das »Halsemanöver« ausgeführt?

Aus einem z. B. Halbwindkurs heraus fällt man unter gleichzeitigem Fieren der Segel auf einen vorwindnahen Raumschotskurs ab. Anschließend wird das Großsegel (Vorsegel kann vernachlässigt werden!) ganz dichtgeholt – es soll nun von selbst über die Mittschiffsachse übergehen (*rund achtern*). Dies wird erreicht durch vorsichtiges »Übersteuern«, d. h. Abfallen über den Vorwindkurs hinaus. Jetzt müssen zwei wichtige Dinge folgen, sonst luvt das Boot weiter mit heftiger Krängung und Kentergefahr bei Jollen:

- zügiges *Auffieren* des Großsegels
- gegen die Luvtendenz steuern durch *Stütz-* oder *Gegenruder*

Nach dem Fieren des Großsegels und dem Stützruder kann man auf dem neuen Bug zum nächsten gewünschten Kurs anluven.

Was ist eine »Q-Wende«?

Eine *Q-Wende* (oft auch *Kuhwende* geschrieben) ist nichts anderes als eine Wende, die statt einer Halse gefahren wird. Wenn man sich also keine Halse mehr zutraut, kann man sie dadurch umgehen. Aus einem Raumwindkurs heraus wird statt abzufallen angeluvt zu einer Wende, nach der wieder auf den angestrebten Kurs abzufallen ist.
Achtung: Gewendet werden darf erst dann, wenn die Schoten korrekt auf Amwindkurs angeholt sind!

Was verstehen Sie unter »Schiften«?

Schiften ist der wesentliche Vorgang beim *Halsen*: das Überholen des Großbaumes auf die andere Bordseite. Segelt man also vor dem Wind und holt z. B. wegen einer kleinen Winddrehung nur das Großsegel ohne Kursänderung auf die andere Seite, dann bezeichnet man diesen Vorgang als Schiften (und nicht als Halsen).

Wie kann man ein »unfreiwilliges Überschlagen« des Großbaumes beim Halsen verhindern?

Fällt man beim Halsen als Erstes genau vor den Wind ab, so besteht bei starkem Wind und Wellengang die Gefahr des unkontrollierten Überschwingens des Großbaumes (»Patenthalse«), da das Boot immer wieder ausscheren (*gieren*) möchte. Es ist in solchem Falle (am besten sogar bei jeder Halse) günstig bzw. für größere Yachten zwingend geboten, zum Halsen nicht erst auf einen Vorwindkurs abzufallen, sondern noch auf Raumwindkurs mit dem Dichtholen des Großsegels zu beginnen.

Wie lauten die Kommandos beim »Halsen«?

»Klar zum Halsen!« Rückmeldung: »Ist klar!«
»Fier auf die Schoten!«
»Hol dicht die Großschot!«
»Rund achtern!«
(»Fier auf die Großschot!«)
»Neuer Kurs: Hol an . . .!«
Bei Booten, auf denen der Steuermann die Großschot selbst bedient, genügen auch abgekürzte Kommandos:
»Klar zum Halsen!«
Rückmeldung: »Ist klar!«
»Rund achtern!«

Was ist eine »Jollenhalse« (»Regattahalse«)?

Bei größeren Booten wird beim Halsen oder Schiften der Baumwechsel praktiziert, indem die Großschot durch die Blöcke gezogen (angeholt und gefiert) wird.
Auf Jollen machen es die Regattasegler (und auch geübte Freizeitsegler) anders: Sie fahren einen exakten Vorwindkurs, greifen (stehend oder kniend) die ganze Großschottalje und bringen den Baum mit Schwung über.

Welche Hauptfehler (die Probleme bereiten können) sind beim »Halsen« möglich?

Abfallen über den Vorwindkurs hinaus: Baum kommt mit Schwung von selbst (»Patenthalse«).
Kein Stützruder nach »rund achtern«:
Boot luvt an, starke Krängungstendenz mit Kentergefahr bei Jollen.
Stützruder zu ausgeprägt: Großbaum schlägt wieder zurück (»Patenthalse«). Zu langsames und zu geringes Auffieren nach »rund achtern«: Krängungstendenz.

Auf dem Dreieckskurs einer Wettfahrt muss an der Bahnmarke 2 immer gehalst werden. Die Boote (Drachen) kommen raumschots unter Spinnaker mit Wind von Backbord an und müssen nun zum Runden abfallen und halsen.

Bei diesen Drachen ist das Großsegel schon auf der anderen Seite, der Wind fällt nun von Steuerbord ein. Das Einhaken des Spinnakerbaumes auf der anderen Seite ist schon fast abgeschlossen.

Regattahalse, Ausgangsposition für ungeübtere Segler: Auf Vorwindkurs steht (oder kniet) der Steuermann mittschiffs (auch der Vorschoter muss in die Mitte!). Die nähere Hand (= hier die rechte) greift an die Großschottalje.

Ausgangsposition für Geübte und Regattasegler: Der Steuermann sitzt nun in Lee beim Großsegel, der Vorschoter als Gegengewicht in Luv. Nach dem Schiften hat der Steuermann die richtige Position auf der neuen Luvseite und kann sofort anluven. Der Vorschoter kommt je nach Windstärke auch nach Luv oder er bleibt in Lee.

Wie sieht eine technisch gute »Regattahalse« beim Jollensegeln aus?

Im Gegensatz zur »Blockhalse« fällt die Jolle jetzt auf einen exakten Vorwindkurs ab. Achtung: Die Krängung lässt nach, das Mannschaftsgewicht muss verlagert werden. Die Großschot wird jetzt nicht durch die Blöcke gezogen, vielmehr wird mit Griff an die ganze Talje mit einem gewissen Schwung der Baum übergeholt (*geschiftet*). Währenddessen ist zunächst noch der Vorwindkurs zu halten (Stützruder).

Wie kann man beim Halsen mit einer Jolle eine »Kentergefahr« bei stärkerem Wind verkleinern?

Indem man das Schwert etwa drei Viertel aufholt. Dadurch driftet das Boot seitlich weg und fällt weniger leicht um, wenn eine krängende Komponente auftritt.

Auf welcher Seite eines Segelbootes muss eine Boje liegen, wenn um sie a) eine Wende, b) eine Halse gefahren werden soll?

a) Auf der Luvseite. Man segelt z. B. die Boje mit Wind von Backbord an, die dann auf der Backbordseite, in diesem Fall in Luv liegt.
b) Auf der Leeseite. Man segelt z. B. wieder mit Wind von Backbord an und fällt dann ab nach Lee zum Halsen.

Ein guter Segler kann mit kleineren Booten auch »rückwärts segeln«. Wann kommt dies vor?

Seemännischer sagt man *achteraus segeln*, wobei es sich mehr um ein Treiben handelt. Es kommt z. B. vor:

- beim Ablegen von der Steg-Leeseite
- beim Segelsetzen im freien Wasser, wenn man sich gekonnt achteraus treiben lässt

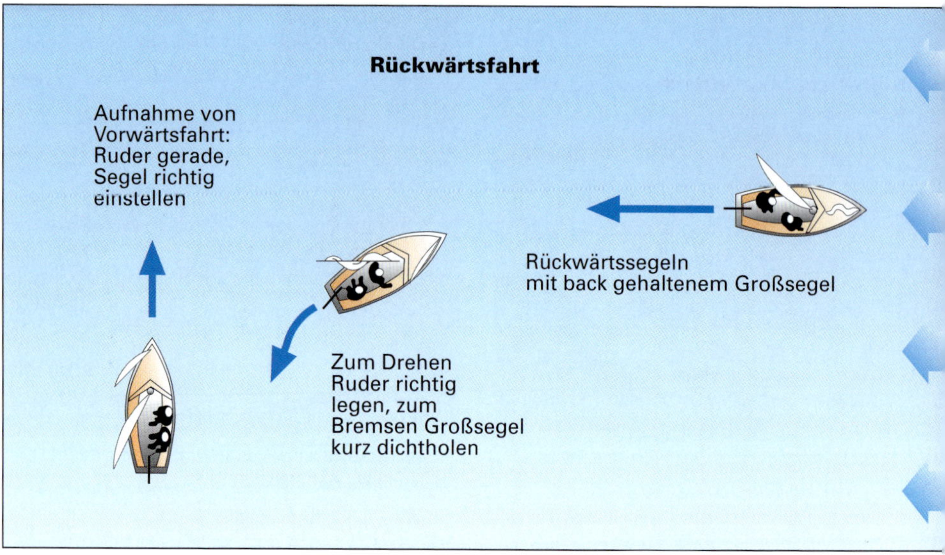

- vor einem Regattastart, wenn man sich rückwärts in eine Lücke hinein- oder aus einer beengten Position heraustreiben lassen möchte

Wie geht das »Rückwärtssegeln«?

Wichtig ist die richtige Ruderlage entsprechend folgendem **Merksatz:** Wo das Ruderblatt hinzeigt, dreht bei Achterausfahrt das Heck hin.

Geschieht das Rückwärtstreiben zu langsam, so kann man die Fahrt beschleunigen, indem man den »Rückwärtsgang« (siehe »Backhalten« S. 64/65) einlegt, d. h. das Großsegel back drückt (Großbaum vordrücken). Soll die Rückwärtsfahrt beendet werden, so legt man das Ruder auf die Seite, zu der das Heck drehen soll. Geschieht die Drehung zu langsam, weil zu wenig Wind weht, so unterstützt das Backsetzen des Vorsegels die Drehung. Je schneller das Großsegel angeholt wird, umso schneller kommt das Boot zum Halten, damit es dann wieder Vorwärtsfahrt aufnehmen kann. (Siehe Abb. oben.)

Was ist »Beidrehen« bzw. »Beiliegen« und wie geht das Manöver vor sich?

Will man ein Segelboot nahezu zum Stehen bringen und es fast quer zu den Wellen verhältnismäßig sicher auf der Stelle bzw. leicht driftend halten, so erreicht man das durch das Beidreh- oder Beiliegemanöver. Beides bedeutet übrigens das Gleiche: Streng genommen ist *Beidrehen* der Vorgang des Manövers und *Beiliegen* der Endzustand des Beidrehens. Man setzt die Fock back und fiert das Großsegel auf.

Das Ruder wird nach Luv gelegt, d. h. auf die gleiche Seite, auf der die Fock back steht. Das Ruder bleibt in dieser Lage, man könnte die Pinne sogar festbinden. Um starkes Killen des Großsegels zu vermeiden, kann es auch etwas angeholt werden. Jedes Boot wird beim Beiliegen ein bisschen anders reagieren, im Allgemeinen wird aber die Krängung sehr eingeschränkt, es stellt sich eine stabile Lage zum Wind ein. Das annähernd quer zu den anrollenden Wellen liegende Boot treibt leicht ab. (Richtung des Driftens siehe Abb. S. 81.)

Wie kommt man am besten zum »Beidrehen«?

Möglichkeit 1: Aus Am- bzw. Halbwindkurs Schoten loswerfen und Boot austreiben lassen, dann Fock mittels Luvfockschot back setzen und Ruderblatt nach Luv (Pinne nach Lee).
Möglichkeit 2: In den Wind schießen und austreiben lassen, dann Fock back setzen und Ruder nach Luv.
Möglichkeit 3: Aus einem Vorwindkurs heraus Fock dem Großsegel gegenüber dichtsetzen, dann anluven und warten: Stärkerer Wind drückt so in die Fock, dass das Boot gar nicht bis in den Wind kommt, sondern vorher schon beiliegt.
Möglichkeit 4: Aus Amwindkurs eine schnelle Wende fahren, dabei die Fock stehen lassen, Großsegel losgeben, weiter durch den Wind drehen als bei einer normalen Wende, dann Luvruder geben.

Dieser Pirat hat beigedreht (= er liegt bei): Großsegel gefiert, Fock back (hier an Backbord), Ruder in Luv (= Pinne zeigt nach Lee zum Großbaum).

Sie drehen aus der Wende heraus bei, aber bei der Luvruderlage bleibt das Boot nicht liegen, es luvt weiter an. Was ist los, was können Sie tun?

Weil zu wenig Wind weht, der auf die Fock einwirkt und das Boot noch etwas Fahrt hat, überwiegt die Ruderwirkung, das Boot luvt planmäßig. Bevor das Boot durch den Wind drehen will, nimmt man einfach die Pinne mittschiffs – und aus ist es mit dem Luven. Statt zu warten, bis das Boot in die gewünschte Lage dreht, könnte man das Großsegel back drücken und somit das Abfallen fördern.

Wann z. B. wendet man das »Beidrehen/Beiliegen« an?

- Mit seegehenden Yachten (Sturmbesegelung) zum Abwettern eines Sturmes.
- Zur Durchführung einer Reparatur.
- Um in Ruhe reffen zu können.
- Um anderen Booten das Längsseitskommen zu ermöglichen.
- Beim Regattasegeln vor dem Start in Nähe der Startlinie.
- Zum Abbergen eines Überbordgefallenen.

Wie unterscheiden sich ein »Mann-über-Bord-Manöver« und ein »Boje-über-Bord-Manöver«?

Fällt im Ernstfall eine Person über Bord, so fährt man ein *Mann-über-Bord-Manöver* (neuerdings sagt man auch Mensch-über-Bord-Manöver), beim Üben eines solchen Manövers mithilfe einer Übungsboje spricht man von *Boje-über-Bord-Manöver*.

Welche Ausführungsarten gibt es bei einem »Boje-über-Bord-Manöver«?

Manöver mit Halsen und Aufschießer, Manöver mit Q-Wende und Aufschießer, Driftmanöver mithilfe von Beidrehen.

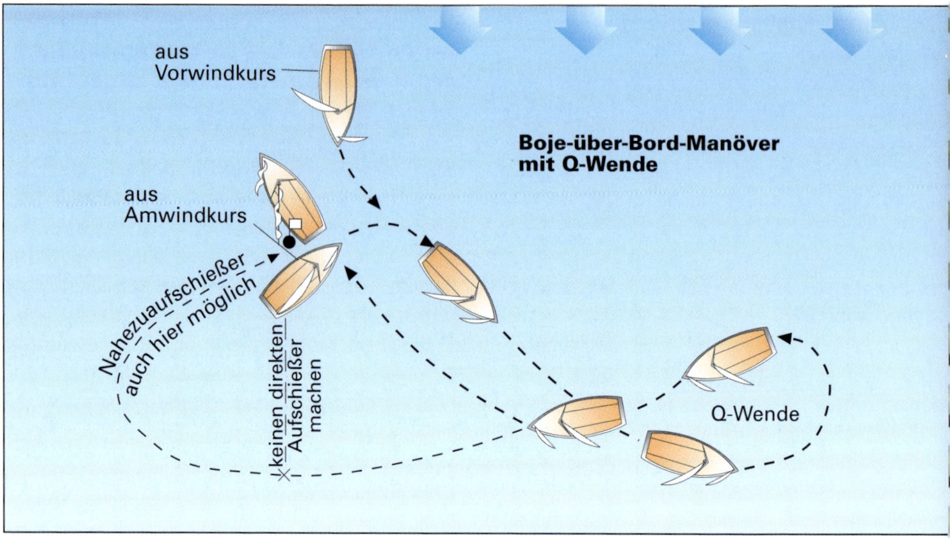
aus
Vorwindkurs
Boje-über-Bord-Manöver
mit Q-Wende
aus
Amwindkurs
Nahezuaufschießer
auch hier möglich
keinen direkten
Aufschießer
machen
Q-Wende

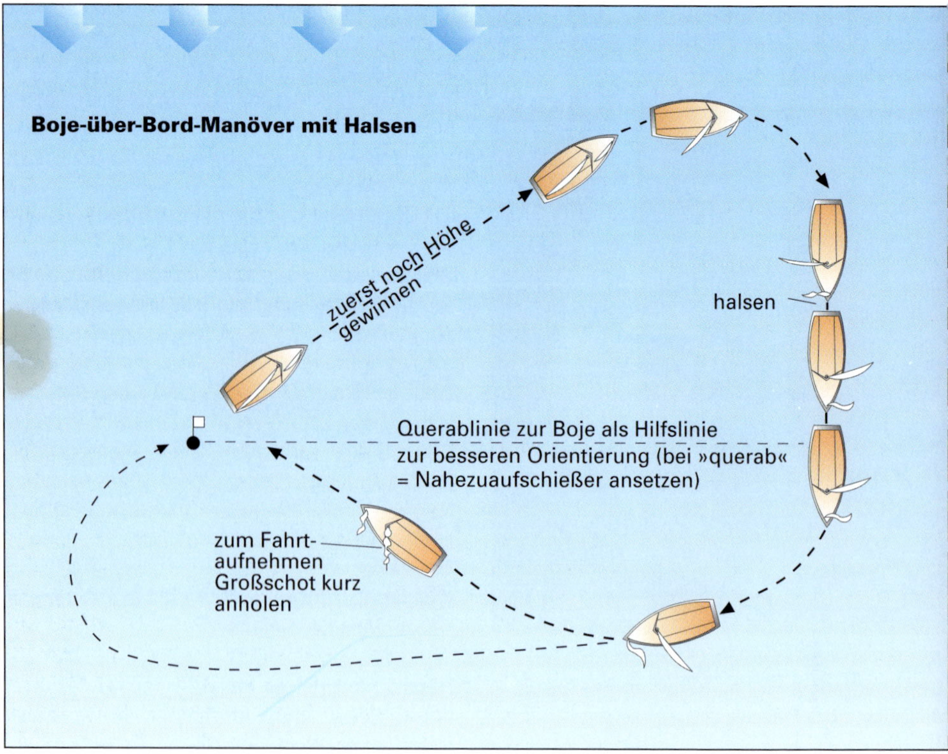
Boje-über-Bord-Manöver mit Halsen
zuerst noch Höhe
gewinnen
halsen
Querablinie zur Boje als Hilfslinie
zur besseren Orientierung (bei »querab«
= Nahezuaufschießer ansetzen)
zum Fahrt-
aufnehmen
Großschot kurz
anholen

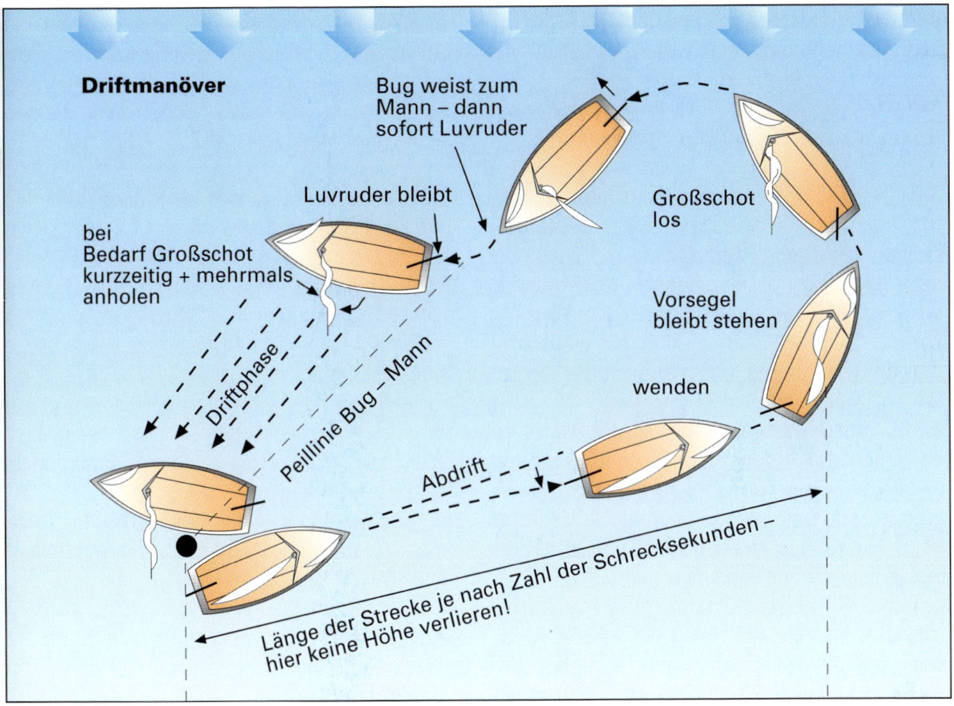

Beschreiben Sie kurz ein »Boje-über-Bord-Manöver« mit Q-Wende aus Amwindkurs!

Amwindkurs, Boje über Bord werfen, abfallen auf einen raumen Kurs, anluven auf Amwindkurs (Schoten entsprechend anholen!), wenden und abfallen auf Halbwindkurs, Nahezuaufschießer. (Abb. S. 80.)

Wie wird der Aufschießer bei einem »Boje-über-Bord-Manöver« gefahren?

Man fährt einen *indirekten Aufschießer (Nahezuaufschießer)*, da ein direkter Aufschießer für die im Wasser treibende Person gefährlich wäre (stampfender Bug). Der Nahezuaufschießer ist in zwei Varianten möglich: vor oder nach dem gedachten Punkt eines direkten Aufschießers. Welche Variante man bevorzugt, ist Ansichtssache.

Der Aufschießer in der ersten Position ist orientierungsmäßig etwas schwieriger, aber schneller zu fahren. Bei der zweiten Position muss das Boot durch den Wind drehen, was im Ernstfall Schwierigkeiten bereiten könnte.

Soll die Boje in »Luv« oder in »Lee« angesteuert werden?

Hier gibt es verschiedene Ansichten, wobei beide Möglichkeiten problematisch sind. Liegt die Boje (Ernstfall: Person) in *Luv*, treibt bei starkem Wind das Boot zu schnell weg, ohne dass die Crew zufassen kann. Liegt die Boje in *Lee*, ist sie besser zu erreichen, aber es besteht die Gefahr, dass das Boot durch die Wellen auf die Boje (Ernstfall: Person!) geworfen wird.

Beachten: Das An-Bord-Hieven geschieht bei Jollen nur in Luv (oder über Heck), bei höherbordigen Kielyachten in Lee. Eine Person muss also gegebenenfalls erst verholt werden.

Beschreiben Sie kurz ein »Boje-über-Bord-Manöver« mit Halsen aus Amwindkurs!

Amwindkurs, Boje über Bord werfen, auf Amwindkurs weitersegeln (Könner ca. drei Bootslängen, für Übende zunächst besser sechs bis acht Bootslängen), abfallen auf Vorwindkurs, schiften, anluven und Nahezuaufschießer.
Hinweis: Sofern man den ersten Aufschießerpunkt wählt, ist das Manöver leichter zu fahren, wenn man zunächst sechs bis acht Bootslängen weitersegelt, um gut Höhe zu gewinnen. Nach dem Schiften bleibt man am besten vor dem Wind, bis man auf der Querablinie zur Boje liegt. Ungefähr auf dieser Linie luvt man langsam hoch (Schoten gefiert lassen!) und liegt dann in einem idealen Aufschießerwinkel. Nachdem die Aufschießerstrecke aber nun ziemlich lang ist, kommt meistens ein mehrmaliges kurzes Anholen der Großschot (nicht durch die Blöcke ziehen, gesamte Talje greifen!) zum Fahrtaufnehmen dazu. (Abb. S. 80.)

Beschreiben Sie kurz ein »Boje-über-Bord-Manöver« aus Vorwindkurs!

Vorwindkurs (oder auch Raumschotskurs), Boje über Bord werfen, anluven, Q-Wende fahren und abfallen auf Halbwindkurs, Nahezuaufschießer.

Wie geht ein »Boje-über-Bord-Manövor« als Driftmanöver?

Ein großer Vorteil ist, dass hier die Probleme des Aufschießers entfallen. Man fährt eine Wende, dreht – nun in Luv liegend – bei und driftet zur Boje. Die Driftphase kann durch mehrmaliges Anholen und Fieren der Großschot beeinflusst werden. Das Manöver kann aus allen Kursen gefahren werden, es ist nur zu beachten, dass man vor dem Wenden erst gut hochluvt und etwas Höhe gewinnt, sofern kein Amwindkurs gesegelt wurde. Das Manöver ist bekannt geworden unter dem Namen »Münchner Manöver« (Abb. S. 81).

Was ist beim Aussuchen eines »Ankerplatzes« zu beachten?

Wenn möglich einen guten Ankergrund suchen. Sandboden ist gut; als schlecht gelten schlammige, steinige und bewachsene Böden.
Auf entsprechende Wassertiefe achten, d. h., sie muss für das Unterwasserschiff der betreffenden Yacht ausreichen und soll andererseits nicht zu groß sein.
Bei Anwesenheit von Nachbarbooten den Anker so »werfen«, dass er sich nicht mit einer fremden Kette vertörnt.
Der Abstand zu anderen ankernden Yachten muss so bemessen sein, dass alle Boote in einem Kreis um ihren Anker frei schwojen können.
Ein Ankerplatz muss weitgehend gegen Wind und Seegang geschützt sein. Gefährlich ist, wenn ein Schiff *auf Legerwall* liegt, d. h. wenn es bei auflandigem Wind gegen Land zutreiben kann.

Wie wird das »Ankermanöver« ausgeführt?

1. Zunächst wird die Fock eingerollt oder geborgen, damit am Vorschiff Platz für die Vorbereitungsarbeiten geschaffen wird. Dann Wassertiefe durch Loten ermitteln.
2. Kommando: »Klar bei Anker!« Die Ankerkette wird in Buchten geordnet an Deck gelegt und belegt. Wird statt einer Kette eine Ankertrosse benutzt, so muss zwischen Anker und Trosse ein Kettenvorlauf angeschäkelt werden. Bei Jollen genügt eine Trosse. Der Anker wird an Deck gebracht, klariert (klargemacht) und an die Kette angesteckt. Rückmeldung: »Anker ist klar!«

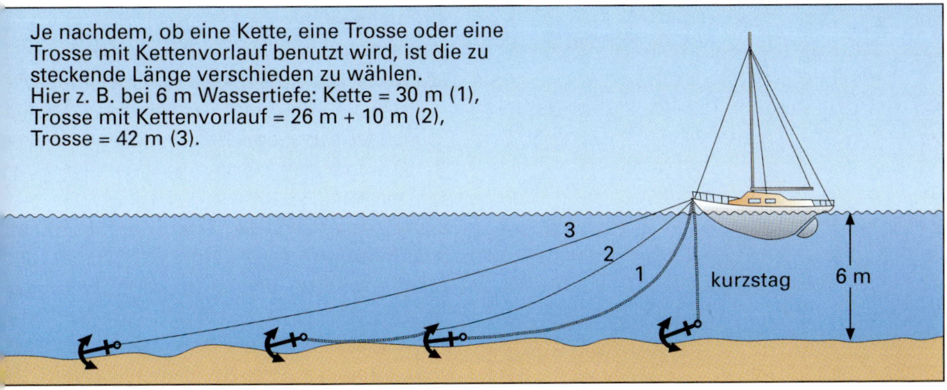

3. Kommando: »Klar zum Ankern!« Der Anker wird über Bord gehalten bzw. außenbords in die Lippe am Vorschiff gehängt. Rückmeldung: »Anker ist klar zum Fallen!«
4. Währenddessen macht der Steuermann einen Aufschießer zum vorgesehenen Ankerplatz hin. Sobald die Yacht achteraus treibt, gibt er das Kommando: »Fallen Anker!« Der Anker wird an der Kette langsam zum Grund geführt. Die Kette nicht ausrauschen lassen oder einfach über Bord werfen! Niemals den Anker fallen lassen, solange das Boot noch still liegt, die Kette könnte sonst ein gefährliches Durcheinander verursachen. Eine geringe Vorwärtsfahrt wäre eher möglich, ist aber im Allgemeinen nicht so zweckmäßig wie Achteraustreiben.
5. Je nach Windverhältnissen, Wellengang und Ufernähe wird nun die entsprechende Länge Kette gesteckt, d. h. drei- bis zehnmal die Wassertiefe, und die Kette an der Klampe oder am Poller des Vorschiffs gut belegt. Natürlich sollte vorher geprüft werden, ob der Anker auch hält.
6. Jetzt Großsegel bergen, Klarschiff machen und letzte Kontrollen durchführen.
Anmerkung zu 2 und 3: Größere Yachten haben gewöhnlich ein *Ankerspill* (elektrische Ankerwinde), sodass weniger Hand angelegt werden muss.

Wie wird das »Ankerlichten« ausgeführt?

1. Setzen der Segel, wobei die Fock dann eingerollt wird.
2. Kommando: »Klar zum Ankerlichten!« Rückmeldung: »Ist klar!«
3. Kommando: »Anker kurzstag holen!« Die Kette wird daraufhin so angeholt, dass sie nahezu senkrecht ins Wasser läuft, aber den Anker noch nicht ausbricht.
Rückmeldung: »Anker ist kurzstag!«
4. Bei ungünstigen Windverhältnissen muss der Steuermann warten bzw. mit dem Ruder nachhelfen, bis das Boot zur Seite schwojt, um sofort Fahrt aufzunehmen. Kommando: »Anker auf!« Rückmeldung: »Anker ist los!«
5. Sobald der Anker los ist, wird die Fock ausgerollt (Kommando: »Reiß aus die Fock!«), gegebenenfalls back gehalten, um so schnell wie möglich – wie beim Ablegen von der Boje – Fahrt zu gewinnen.
6. Wird der Anker an Deck gehoben, reinigt man ihn und verkratzt natürlich möglichst das Schiff nicht. Dann wird er einschließlich Kette verstaut.

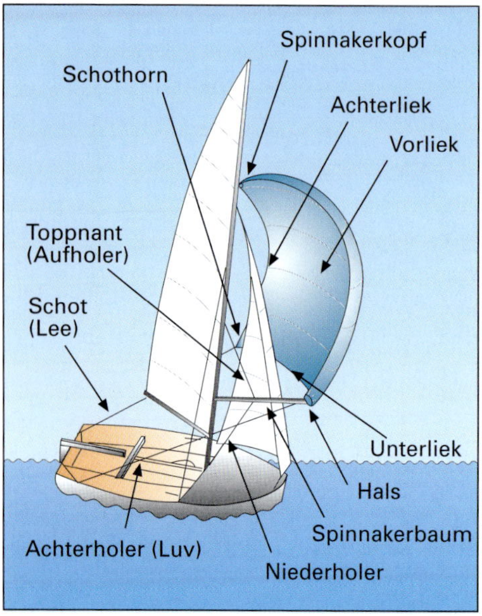

Spinnakersetzen bei einer Jolle. Der Steuermann hat mit beiden Händen (Pinne zwischen den Beinen) den Spinnaker gesetzt, der Vorschoter hakt den Spinnakerbaum ein.

Auf welchen Kursen kann man den »Spinnaker« benutzen, wie werden »Schoten und Spinnakerbaum« gefahren?

Spinnakern ist möglich auf Kursen vor dem Wind, auf raumen Kursen und gerade noch bei halbem Wind.

Die Schoten (Luvschot: *Achterholer*, Leeschot: *Schot*) werden außerhalb von Wanten und Vorstag geführt, der Spinnakerbaum auf der Luvseite. Dort wird er am Spinnakerhals bzw. am Achterholer in Halsnähe eingepickt, anschließend in den Spinnakerbeschlag am Mast. Durch Einhaken in *Toppnant* und *Niederholer* (Haltetau am Mast vorne) soll er einen Winkel von etwa 80°–90° zum Mast erhalten.

Welche Handgriffe machen Steuermann und Vorschoter beim »Spinnakersetzen« auf einer Jolle?

Steuermann:

1. Er steht im Boot, Pinne zwischen den Beinen.
2. Er bedient meist das Spi-Fall. (Spi: Abkürzung für Spinnaker!)
3. Er bedient Achterholer und Spi-Schot, bis der Vorschoter freie Hand hat. Es gilt, den Spi möglichst schnell zum Stehen zu bringen!
4. Er reicht dem Vorschoter nach Bedarf den Spi-Baum.
5. Er hält gut Kurs und Gleichgewicht (Trimmen durch Gewichtsverlagerung).

Vorschoter:

1. Er bereitet den Spi so vor, dass er sich ohne Wuling (Durcheinander) sofort entfalten kann. Beispielsweise dürfen Hals und Schothorn nicht verdreht sein.
2. Er wirft den Spi in Luv heraus bzw. führt ihn unter der Fock hindurch.
3. Er hakt den Spi-Baum ein (Hals, Toppnant, Niederholer, Mast) und stellt seine Höhe am Niederholer ein.
4. Er klart Fockschoten und Spi-Fall auf, und

er stellt gegebenenfalls das Schwert ein (ungefähr 1/4 bis 1/3 eingetaucht).
5. Er übernimmt Achterholer und Schot und fährt aufmerksam den Spinnaker.

Welche Handgriffe machen Steuermann und Vorschoter beim »Spinnakerbergen« auf einer Jolle?

Steuermann:
1. Er steht im Boot, Pinne zwischen den Beinen.
2. Er übernimmt vom Vorschoter Schot und Achterholer.
3. Er übernimmt gegebenenfalls vom Vorschoter den Spi-Baum.
4. Er fiert das Spi-Fall.
5. Er bedient das Schwert.

Vorschoter:
1. Er hakt den Spi-Baum ab von Mast, Niederholer und Hals.
2. Er verstaut den Baum bzw. reicht ihn dem Steuermann.
3. Er rafft das Unterliek des Spi zusammen und zieht den Spi, während ihn der Steuermann fiert, auf der Leeseite unter der Fock durch ins Cockpit. Beim Bergen in Luv führt er mithilfe des Achterholers zuerst den Hals, dann das ganze Unterliek nach Luv an den Mast.
4. Er verstaut den Spi so im Cockpit oder im Sack, dass Kopf, Hals und Schothorn klar liegen.
5. Er bedient wieder die Fock.

Was geschieht beim »Schiften« des Spinnakers?

Bei einer Kursänderung mit Halsen muss der Spinnakerbaum auf die andere Seite genommen werden.
Während bei kleineren Booten der Steuermann das Großsegel schiftet, die Spi-Schoten übernimmt und den Spinnaker zur neuen Luvseite zieht, hakt der Vorschoter den Spi-Baum am Mast los und pickt ihn in das bisherige Schothorn (wird jetzt in Luv der Hals) ein. Dann löst er das andere Baumende beim Hals (beim neuen Schothorn) und hakt es am Mast ein. Dann übernimmt er wieder Achterholer und Schot.

Wie sitzt beim Jollensegeln die Mannschaft beim »Spinnakern« im Boot und was ist beim »Segeln mit Spinnaker« zu beachten?

In der Regel sitzen bei Jollen der Steuermann auf der Leeseite, der Vorschoter auf der Luvseite (Ausnahme z. B. raumschots bei starkem Wind: Zum Trimmen muss hier der Steuermann auch nach Luv, der Vorschoter vielleicht sogar ins Trapez!). Das Stehen des Spinnakers wird durch Schot und Achterholer so reguliert, dass der Spi-Baum etwa in einem rechten Winkel zum scheinbaren Wind steht. Genauer: Achterholer so dicht holen, dass das Vorliek gerade nicht einfällt. Vgl. Foto Seite 86 unten.
Hals und Schothorn dürfen nicht verschieden hoch liegen.
Der Spinnaker wird laufend durch die Schot (auf der Leeseite) reguliert. Der Achterholer kann belegt werden.
Der Spi-Baum soll nicht höher als etwa 80° zum Mast stehen, und er darf nicht am Vorstag anliegen.
Je mehr der Wind von der Seite einfällt, umso mehr wird der Spi in Lee gefahren (Schwert weiter wegfieren wegen verstärkter Abdrift!). Bei starker Bö fiert man die Schot mehr oder weniger, gegebenenfalls so stark, dass der Spi wie eine Fahne ausweht. Bei sehr starkem Wind ist das Spinnakern problematisch. Jollen können dabei leicht kentern. Den Spi also manchmal lieber unter Deck lassen! Beim Spinnakern vor dem Wind ist die Fock wirkungslos bzw. sogar störend. Deshalb kann man sie lose hängen lassen, besser (wie bei Regatten) aber sollte sie aufgerollt werden. Beim Spinnakern raumschots oder mit halbem Wind sollte die Fock dagegen mitziehen.

420er-Jollen auf Spinnakerkurs bei der Kieler Woche.

Typische Sitzposition beim Spinnakern. Der Steuermann sitzt in Lee, der Vorschoter in Luv, wo er den Spinnaker besser beobachten kann.

Was ist ein »Trapez« und wozu dient es?

Das *Trapez* stellt ein wichtiges Hilfsmittel dar, um vorwiegend leichte Gleitjollen auch bei stärkerem Wind möglichst aufrecht segeln zu können. Es besteht aus zwei Teilen:

- aus der Trapezhose für den Vorschoter. Es handelt sich um eine Art Hüftgürtel mit Schulterträger und mit einem Hakenbügel auf der Vorderseite.
- aus je einem Stahldraht, der vom Wantbeschlag am Mast auf der Backbord- und Steuerbordseite herunterzieht und in einen Handgriff plus Ring ausläuft. Meist ist noch ein kleiner Flaschenzug zum Verstellen zwischengeschaltet. Ein Gummistropp hält die Trapezdrähte unter Spannung.

Durch diese Trapezeinrichtung kann sich der Vorschoter gestreckt ganz außenbords stellen, das herkömmliche Ausreiten also wesentlich übertreffen. Durch das Trapez ist die Konstruktion immer leichterer und sensiblerer Jollen möglich geworden, andererseits gibt es das Trapez auch auf Kielbooten.

Muss möglichst viel Gewicht nach Luv gebracht werden, dann soll der gestreckte Körper des Trapezmannes zum Mast einen Winkel von 85°–90° bilden.

Was versteht man unter guter »Trapeztechnik«?

Voraussetzung für gute *Trapeztechnik* ist die richtige Länge des Trapezdrahtes. Der Ring, der an den Gürtel gehakt wird, muss auf Höhe der Wanten knapp unter die Kante des Decks reichen können.

Nur auf diese Weise kann sich der Vorschoter bei Bedarf so rechtwinklig wie möglich zum Mast stellen bzw. hängen. Dabei soll der gestreckte Körper des Trapezmannes zum Mast einen Winkel von 85°–90° bilden.

Zur vorbildlichen Trapezhaltung – damit man zum Trimmen möglichst viel Gewicht nach außen verlagern kann – gehören:

- vollkommen gestreckter Körper,
- leicht gegrätschte Beine und – wenn möglich –
- Stand auf den Ballen, um sich so weit wie möglich hinausdrücken zu können.

Einen Arm oder alle beide zurücknehmen und mit der Hand den Hinterkopf unterstützen zur Entlastung der Nackenmuskulatur. Häufig ist auch zu beobachten, dass ein Arm ganz weit zurückgehalten wird. Zur guten Trapeztechnik gehört schließlich das rechtzeitige Anhocken und Zurückgleiten ins Boot.

Doppeltrapez bei einem sportlichen Kielboot (Joker). Man erkennt deutlich die Trapezhosen mit Träger, dazu den Trapezdraht mit Haltegriff und kleinem Flaschenzug zum Verstellen.

Um sich jeder Windänderung anzupassen und das Boot in gutem Seitentrimm zu halten, findet ein Wechselspiel zwischen optimalem Strecken und rechtzeitigem Anhocken statt.

Kann man eine Jolle nach dem »Kentern« wieder aufrichten und weitersegeln?

Eine aus Vollholz gebaute Jolle (z. B. Pirat, H-Jolle, O-Jolle) kann man zwar aufrichten, aber sie ist voll Wasser. Man bekommt sie deswegen nicht mehr flott und ist auf Hilfe angewiesen. Anders bei den modernen Gleitjollen aus formverleimtem Sperrholz oder Kunststoff (z. B. FD, Korsar, Finn, 420er, 470er, Laser usw.). Sie besitzen Auftrieb (Auftriebskörper, Luftkammern, Doppelboden), schwimmen deshalb nach dem Kentern hoch auf und bekommen wenig Wasser ins Cockpit. Außerdem haben sie Lenzklappen und -ventile, wodurch das Wasser bei Fahrt hinausläuft. Man kann mit diesen Booten nach dem Kentern weitersegeln – wenn man das Aufrichten richtig macht.

Was ist eine »Luvkenterung«?

In den meisten Fällen kentert man nach Lee. Rauscht aber z. B. dem Steuermann die Schot aus, während die Crew noch ausreitet, oder schralt eine Bö zu heftig, sodass die ausreitende Crew nicht mehr abfallen kann oder ins Boot zurückkommt, so kann eine Jolle nach *Luv* umfallen.

Das war eine Luvkenterung. Wenn man hier nicht am Mast stabilisieren kann und beim Cockpit hochklettern will, führt das immer zum Durchkentern.

Welche Methoden zum »Aufrichten« einer gekenterten Jolle kennen Sie?

Je nach Beschaffenheit der Jolle und je nach Situation bewähren sich zwei Methoden:
Eine Person (oder auch zwei) stellt sich auf das Schwert, greift bei der Scheuerleiste an

Das wird eine »normale« Kenterung nach Lee, und der Steuermann ist gerade dabei, rechtzeitig aufs Schwert zu steigen.

In dieser Art ist das Aufrichten meist kein Problem. Wichtig dabei aber: rechtzeitig einsteigen! Der Segler hier beginnt schon einzusteigen, während das Boot hochschwenkt.

das Deck und versucht durch Gewichtsverlagerung, auch durch Wippen, das Boot hochzuziehen. Diese Methode eignet sich mehr für Jollen mit viel Auftrieb, die hoch aufschwimmen.
Die Besatzung schwimmt sofort zum Mast und drückt ihn hoch. Sobald das geschieht, greift in der Regel der Wind in das Großsegel und vollendet die »Arbeit«.
Die zweite Methode eignet sich mehr für Jollen mit geringerem Auftrieb, die mehr Wasser übernehmen würden, wenn man aufs Schwert steigt. Außerdem bietet sie sich nach einer Luvkenterung an, wenn die Crew ohnehin in Mastnähe schwimmt.

Methode durch Hochdrücken am Mast, dabei Leinenkontakt halten (hier nicht gegeben), sonst schwimmt Boot davon.

Was heißt »durchkentern« und wie ist das zu vermeiden?

Durchkentern bedeutet, dass das gekenterte Boot weiterdreht: Mast abwärts – Schwert oben. Vermeiden kann man das Durchkentern meist, indem man möglichst schnell Schwert bzw. Mast stützend hält. Auf keinen Fall darf man sich im Inneren der gekenterten Jolle festhalten oder gar am Schwertkasten hochsteigen wollen.

Wie kann man eine durchgekenterte Jolle wieder »aufrichten«?

Zum Aufrichten stellt man sich auf den Bootsrumpf und zieht am Schwert. Bringt dies keinen Erfolg, so »fischt« man sich z. B. die Großschot, stellt sich auf der anderen Seite unter die Scheuerleiste und zieht. Wenn das Boot hochkommt, steigt die Besatzung höher, zuletzt auf das Schwert. Und nun geht's weiter wie nach einer normalen Kenterung.

Wie laufen Sie ein havariertes Boot an, das Sie »abschleppen« wollen?

Man läuft am Wind segelnd von Lee vor den Bug des zu schleppenden Bootes und übernimmt (bzw. übergibt) beim Passieren die Schleppleine. Dann fällt man ab und bleibt auf dem gleichen Bug. Motorboote laufen zum Schleppen von achtern oder auch von Lee an.

Sie werden »abgeschleppt«. Was beachten Sie alles?

1. Rechtzeitig Schleppleine klarlegen und an Bord belegen (sofern keine starke Klampe da, am Mast mit Rundtörn und zwei halben Schlägen oder Slipstek).
2. Segel bergen (das Killen schadet, außerdem könnte Wind einfallen).
3. Bei Jollen Schwert etwa 2/3 hoch (sonst Gefahr des Querschlagens und Kenterns).
4. Bei Fahrtaufnahme Schleppleine so führen, dass nur langsam Zug darauf kommt.

»Mehrere Jollen« werden geschleppt. Wie macht man am besten die Schleppleinen fest?

Bei Schleppfahrten z. B. im Rahmen von Regatten ist es üblich, die eigene Leine am Mast mittels *Palstek* festzumachen, die übernommene Leine des hinteren Bootes wieder mittels Palstek *im Auge* der eigenen Schleppleine.

Hinweis: Man muss dabei darauf achten, dass man seine Schleppleine zwischen Vorstag und Steuerbordwant (wenn man auf Backbordseite des Schleppers gezogen wird) nach vorne führt oder zwischen Vorstag und Backbordwant (wenn man auf der Steuerbordseite liegt).

Worauf ist bei »Schleppfahrten im Seegang« zu achten?

Die Schlepptrosse muss so lang gesteckt werden, dass sich beide Boote immer etwa gleichzeitig in einem Wellental oder auf einem Wellenberg befinden.

Beim Schleppen mehrerer Boote macht man die eigene Schleppleine am Mast mittels Palstek fest, und in dieses Auge führt man die nächste Schleppleine, wieder mit einem Palstek.

Welche Hauptfaktoren sind für das »Wettergeschehen« verantwortlich?

Luftdruck, Luftfeuchtigkeit und Temperatur. Eine besondere Rolle spielt dabei der Luftdruck.

Wie wird der »Luftdruck« gemessen, und welche Tendenz ergibt sich bei Gebieten mit unterschiedlichem Druck?

Der Luftdruck wird mit einem *Barometer* (*Barograph:* wenn er aufgezeichnet wird) in *Hektopascal* (hPa) gemessen.
Zwischen Gebieten mit unterschiedlichen Druckverhältnissen besteht die Tendenz des Druckausgleichs. Es strömt die Luft von Bereichen höheren in Bereiche niedrigeren Drucks, wobei eine horizontale Luftbewegung auftritt, der Wind.
Der augenblickliche Luftdruckwert hat nichts mit dem derzeitigen oder künftigen Wetter zu tun. Man kann bei tiefem Druck statt Regen Sonnenschein erleben und bei hohem Druck Regen statt Sonne. Entscheidend für den Bezug des Luftdrucks auf das Wetter ist also nicht der augenblickliche Wert, sondern die Zeitspanne der Druckänderung. Dabei gilt: Je schneller und umfangreicher sich der Druck ändert, umso rascher und ausgeprägter ändert sich das Wetter.

Welche Schlüsse sind auf Grund von »Luftdruckänderungen« zu ziehen?

Stetig fallender Druck lässt schlechteres Wetter erwarten.
Langsam und beständig steigender Druck lässt eine anhaltende Wetterbesserung erwarten.
Kurzzeitige Druckänderungen deuten auf wechselhaftes Wetter hin.
Sehr schnelles Fallen des Luftdrucks (mehr als 1 hPa/h) kündigt Sturm an. Kräftiger Druckanstieg (z. B. 1 hPa/h) gibt Hinweise auf Starkwind bis Sturm (Hochdrucksturm).

Woran erkennt man in der »Wetterkarte« die Luftdruckverhältnisse?

An den Linien, genannt *Isobaren*, die alle Orte gleichen Luftdrucks verbinden. An diesen Isobaren, die sich weder kreuzen noch schneiden können, befinden sich in den Wetterkarten Zahlen, die die Druckwerte in hPa angeben. In Deutschland werden die Isobaren üblicherweise jeweils von 5 zu 5 hPa gezeichnet (z. B. 1005, 1010 usw.) Abb. Seite 92.

Was sagt der »Isobarenverlauf« in der Wetterkarte aus?

Die Isobaren geben durch ihren Verlauf ein Maß für die Windrichtung, außerdem erkennt man an den Abständen die Stärke des Druckgefälles.
Enger Verlauf der Isobaren: großes Druckgefälle: starker ausgleichender Wind. Weit auseinander liegende Isobaren: kleines Druckgefälle: leichter Wind. Zu beachten ist auch, dass bei einem Hochdruckgebiet die Isobaren vom Zentrum nach außen fallenden Druck markieren, im Gegensatz zum Tiefdruckgebiet, bei dem sie steigenden Druck anzeigen.

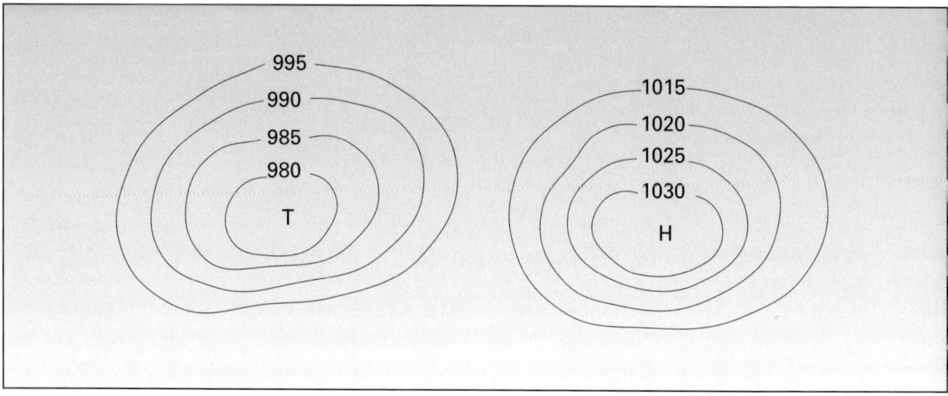

Die Isobaren werden in Deutschland im Abstand von 5 zu 5 hPa gezeichnet. Sie markieren vom Zentrum nach außen bei einem Hoch fallenden, bei einem Tief steigenden Luftdruck.

Was bedeuten »Hoch« und »Tief«?

Hoch (H) ist ein Gebiet mit höherem Luftdruck als in der Umgebung. Man nennt es auch *Antizyklone*, und es ist häufig mit schönem, beständigem Wetter verbunden.
Ein *Tief* ist ein Gebiet mit tieferem Luftdruck als in der Umgebung, es bewegt sich meist von West in östlicher Richtung und bringt vor allem schlechtes und wechselhaftes Wetter. Man nennt es auch *Zyklone*.

Wie wehen die Winde aus einem »Hoch« in ein »Tief«?

Bedingt durch die Erdrotation (*Corioliskraft*) strömt der Wind nicht auf direktem Wege aus dem Hoch in das Tief, sondern er wird abgelenkt. Dabei gilt: Auf der Nordhalbkugel strömt der Wind in Spiralen im Uhrzeigersinn aus dem Hoch heraus und in ein Tief in Spiralen gegen den Uhrzeigersinn ein (umgekehrt auf der Südhalbkugel).

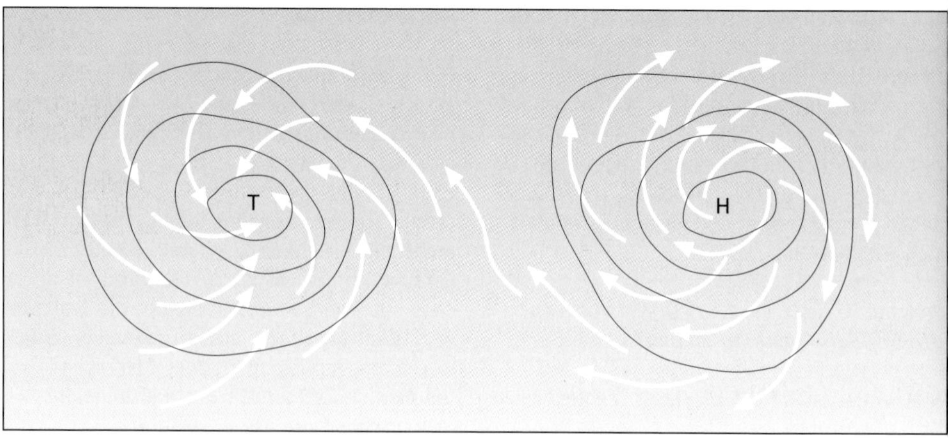

Was bedeuten die Begriffe »auflandig« und »ablandig«?

Die Begriffe gebraucht man im Zusammenhang mit dem Wind. *Auflandig* ist der Wind, der vom Wasser zur Küste hin weht (*auflandiger* Wind). Weht der Wind dagegen umgekehrt, also vom Land zum Wasser hinaus, so spricht man von *ablandig* (*ablandiger Wind*).

Welcher Wind ist für den Segler gefährlicher, der »auflandige« oder der »ablandige« Wind?

Gefährlicher ist der *auflandige* Wind, weil ein Segelboot durch ihn bei entsprechender Wetterlage an Land getrieben werden und dadurch zu Bruch gehen kann. Man wird also bei schlechter Wetterlage (aufziehendes Gewitter) das auflandige Ufer meiden und lieber mit *ablandigem Wind* segeln. Wenn ein Schiff bei auflandigem Wind vor Anker liegt, so nennt man das *auf Legerwall liegen*.
Bei Segelsurfern ist es übrigens umgekehrt. Hier ist der ablandige Wind der gefährlichere!

Was sind »Land- und Seewinde«?

Bedingt durch Sonneneinstrahlung können durch die periodisch wechselnde Erhitzung und Abkühlung des Landes thermische Winde entstehen. Infolge der Erwärmung kann sich an den Küsten bei schönem Wetter über Land ein Tief bilden, in das der Wind von See her einströmt (*Seewind*, der vormittags beginnt). Nachts kühlt das Land stärker ab als das Meer, es bildet sich ein Hoch, und der Wind strömt hinaus aufs Wasser (*Landwind*, der in den Stunden vor Sonnenaufgang am stärksten weht).

Was sind »Föhnwinde«?

Es sind absteigende Winde, die in Süddeutschland vorkommen. Ein aus Westen kommendes Tief saugt bei Regenwetter in Oberitalien südliche Winde an, die über den Alpen föhnig absteigen, trocken, warm und manchmal auch stürmisch werden. Hierbei klart es am Fuße der Alpen zu schönem Wetter auf bei außerordentlich guter Sicht.

Föhn am Starnberger See bei München.

Was ist »rückdrehender Wind« und »rechtdrehender Wind«?

Als ein grundlegendes Gesetz der Winddrehung gilt: Auf der linken Seite eines Tiefs (bzw. Hochs) ist der Wind *rückdrehend* (linksdrehend), auf der rechten Seite *rechtdrehend* (auch rechtsdrehend). Meist liegen wir in unseren Segelrevieren auf der rechten Seite der Zugbahn eines Tiefs, deswegen herrscht *Rechtdrehen* vor, z. B. von S über SSW auf SW.

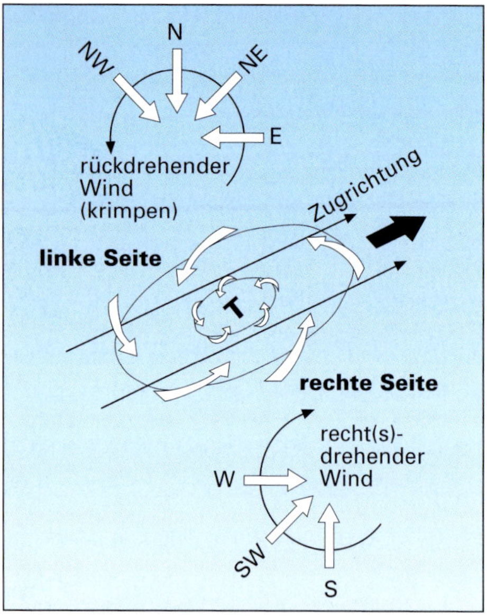

Was versteht man unter »Saugwind«?

Der Saugwind ist eine Besonderheit eines aufziehenden Gewitters. Ein Gewitter, das ja ein kleines Tiefdruckgebiet darstellt, zieht vorher den Wind an, bis es dann seine Böen losschickt. Weht z. B. der Tageswind aus SW und zieht ein Gewitter aus SW auf, so wird der Wind nach einer kurzen Flaute (erste Flaute) umspringen auf NE (North East: Nordost). Nähert sich das Gewitter weiter, so werden sich bald seine Böen aus SW durchsetzen, meist nach einer zweiten Flaute (Flaute vor dem Sturm!), wenn sich Saug- und Gewitterwind aufheben.
Weht dagegen der Tageswind aus NE und zieht das Gewitter wieder in SW auf, so wird sich keine erste Flaute bilden. Der Tageswind wird vielmehr auffrischen, bis nach der kurzen Flaute vor dem Sturm die ersten Böen einfallen.

Welche »Gewitterarten« unterscheidet man?

Frontgewitter und Wärmegewitter. *Frontgewitter* sind innerhalb eines großräumigen Tiefs in der Regel an eine Kaltfront gebunden. Sie drohen immer dann, wenn nach einer warmen Hochdrucklage eine Kaltfront anrückt. *Wärmegewitter* bilden sich örtlich bei sommerlichen Schönwetterperioden aus, wenn erhitzte Luft nach oben drängt und dabei darüber lagernde kühlere Luftmassen durchstößt.

Welche für den Segler »gefährlichen Erscheinungen« können bei einem Gewitter auftreten?

Überfordernde Böen, Blitzschlag, Hagelschlag, schlechte Sicht, starker Temperatursturz, ausgeprägte Winddrehungen.

In welche »Richtung« ziehen Gewitter?

Vorwiegend in nordöstlicher Richtung. Wenn sich also in SW oder W Gewitterwolken ausbilden und sich dort eine dunkle Wolkenwand zeigt, dann ist höchste Vorsicht geboten. Auch ein im Süden stehendes Gewitter ist kritisch zu beobachten.

Woran ist ein »aufziehendes Gewitter« zu erkennen?

An den typischen Schönwetter-Haufenwolken (Cumulus), die sich »blumenkohlartig« auftür-

Stimmungsvoll wirkt der See und eher harmlos, aber es türmen sich Haufenwolken auf. Die Segler sind gut beraten, die weitere Wetterentwicklung laufend zu beobachten – es könnte sich ein Gewitter entwickeln. Beim Foto auf Seite 97 sieht man eindrucksvoll, wie heftig ein Gewitter auf diesem See toben kann.

nen (Cumulus congestus) und sich zur imposanten Gewitterwolke (Cumulonimbus) entwickeln, die hoch reicht und oben einen weit auseinander fließenden »Amboss« aus Feder- oder Eiswolken (Cirrus) zeigt. An der Vorderseite der Gewitterwolke bildet sich eine walzenförmige dunkle Wolke (*Böenkragen* oder *Böenwalze*), die minutenlang anhaltende Böen bringen kann.

Wie kann man die »Entfernung eines Gewitters« errechnen?

Aus dem Zeitunterschied zwischen Blitz und Donner: Zeitunterschied in Sekunden geteilt durch 3 = ungefähre Entfernung in km.

Was sind »Fronten«?

Beim Zusammentreffen warmer und kalter Luftmassen mischen sie sich nicht sofort, sondern behalten an der Grenze ihren Charakter bei. Die vordere Grenze jeder Luftmasse in der Bewegungsrichtung bezeichnet man dabei als *Front*. Trifft heranströmende Warmluft auf die davor liegende ruhende Kaltluft und gleitet sie dabei auf, so ergibt sich eine *Warmfront*. Bei einer *Kaltfront* bricht schneller wandernde Kaltluft in die Warmluft ein. Durch Vermischung einer Kaltfront mit einer Warmfront entsteht die *Okklusionsfront*.
Wegen der auftretenden starken und böigen Winde betrifft die Kaltfront Segler besonders.

Wie werden »Windstärken« angegeben?

Die Windstärke entspricht der Geschwindigkeit der Luft, gemessen in m/s, km/h oder sm/h (*Knoten*). Die Windgeschwindigkeiten werden nach der *Beaufort-Skala* in 12 Stärkegrade eingeteilt, wobei eine kurze Beschreibung der Auswirkungen des Windes auf dem Wasser und dem Land gegeben ist.

Bft	Bezeichnung	km/h	Auswirkungen auf See und an Land
0	Windstille	<1	Glattes Wasser, Rauch steigt senkrecht hoch
1	Leiser Zug	1–5	Keine Kräuselwellen, Rauch bewegt sich, Boot fährt, ist steuerbar
2	Leichte Brise	6–11	Kleine Wellen – Kämme glasig, Blätter bewegt, Flaggen bewegt
3	Schwache Brise	12–19	Wellenkämme beginnen zu brechen, einzelne Schaumköpfe, Blätter und dünne Zweige bewegt, Wimpel wird gestreckt
4	Mäßige Brise	20–28	Wellen werden länger, Ausbreitung weißer Schaumköpfe. Hebt Staub und loses Papier, bewegt Zweige
5	Frische Brise	29–38	Überall weiße Schaumköpfe. Kleine Bäume beginnen zu schwanken, Flaggen wehen scharf aus
6	Starker Wind	39–49	Grobe See, Kämme brechen, etwas Gischt, Bäume stark bewegt. Pfeifen in Telegrafenleitungen, Regenschirme bereiten Schwierigkeiten
7	Steifer Wind	50–61	Hoher Seegang, See türmt sich, Schaum legt sich in Streifen gegen Windrichtung. Hemmung beim Gehen gegen den Wind
8	Stürmischer Wind	62–74	Mäßig hohe Wellenberge. Von den Kammkanten beginnt Gischt abzuwehen. Zweige brechen, Gehen erschwert
9	Sturm	75–88	Hohe Wellenberge, dichte Schaumstreifen, Gischt hemmt die Sicht. Rollen der See. Kleine Schäden an Häusern
10	Schwerer Sturm	89–102	Sehr hohe Wellenberge mit überbrechenden Kämmen, See weiß durch Schaum, stoßartiges Rollen. Sichtbeeinträchtigung durch Gischt. Entwurzelte Bäume
11	Orkanartiger Sturm	103–117	Außergewöhnlich hohe Wellenberge, Gischt in der Luft, schlechte Sicht. Schwere Sturmschäden
12	Orkan	>117	See vollständig weiß, Luft mit Schaum und Gischt angefüllt. Schwerste Verwüstungen

Die Böen bei einem Gewitter können auch auf einem Binnensee Orkanstärke erreichen.

Welches Wettergeschehen ist bei einer »Kaltfront« zu beobachten?

Der Durchzug einer solchen Front dauert etwa 1–2 Stunden mit einem deutlichen Windsprung (Wind *schießt aus*, d. h. er dreht schnell nach rechts über W nach NW). Begleitet wird die Front von Haufenwolken, Temperaturgegensätzen und heftigen Niederschlägen, Regenschauern, Böen, auch Hagel, Graupel und Frontgewittern. Anschließend herrscht hinter der Front frisches, aufklarendes Wetter bei steigendem Luftdruck und meist nordwestlichen böigen Winden (*Rückseitenwetter*).

Wo kann man sich über die »Wetterlage« informieren?

Vor Antritt einer Segelpartie sollte man sich über das zu erwartende Wettergeschehen informieren. Möglichkeiten: Wetterberichte in Radio/Fernsehen, in Tageszeitungen (teilweise mit Wetterkarte), telefonische Ansagen, Telefax, Internet. Besonders genaue Angaben für das Wetter im Bereich der deutschen Küste gibt der *Seewetterbericht* des Deutschen Wetterdienstes, Geschäftsfeld Seeschifffahrt (Deutschlandradio, NDR, Deutschlandfunk, Deutsche Welle). Auch Aushänge bei den Hafenbehörden können interessant sein.

Wie erfolgt eine »Sturmwarnung«?

An vielen Binnenrevieren gibt es ein Sturmwarnsystem, das dem Segler bekannt sein und über das er sich bei einem unbekannten Revier auch informieren muss (z. B. bei Wasserschutzpolizei, örtlichen Segelclubs, Hafenamt, Rettungsorganisation).
Meist sind es folgende Blinklichter:

- langsame Blinkfolge (ca. 40 Lichterscheinungen pro Minute): *Starkwindwarnung*
- schnelle Blinkfolge (ca. 90 Lichterscheinungen pro Minute): Sturmwarnung

Welche »Sicherheitsmaßnahmen« treffen Sie bei Sturmwarnung, aufziehendem Gewitter oder immer stärker auffrischendem Wind?

Sofort Schwimmwesten (Rettungswesten) anlegen und – wenn möglich – reffen. Ist das Reffen unmöglich, alles klarlegen, um zunächst die Fock, dann auch das Großsegel bergen zu können. Rechtzeitig den Heimathafen ansteuern oder in dessen Nähe bleiben.

Welche »Mindest-Sicherheitsausrüstung« gehört zu einer Jolle?

Gleitjollen: Schwimmweste für alle Crewmitglieder, Schleppleine, Paddel.
Wanderjollen: zusätzlich Lenzgefäß, Anker mit Leine, Bootshaken, Fender.

Auf welcher »Uferseite« halten Sie sich bei aufziehendem Gewitter möglichst auf?

Auf der *ablandigen* Uferseite, der Seite also, von der der Wind ablandig weht. Notfalls hat man hier genügend Leeraum zum Abtreiben. Das auflandige Ufer kann für das Boot sehr gefährlich sein, weil es bei Sturm an Land getrieben werden kann und dadurch Schaden erleidet.
Eine Jolle wird in diesem Falle nur zerkratzt, eine Yacht kann ganz zu Bruch gehen.

Wie verhält man sich im »Gewitter«?

Ist man in einen Gewittersturm geraten (was nicht geschehen sollte, denn abgesehen von den Böen kann auch Hagelschlag sehr gefährlich werden), so kann man das Kentern unter Umständen vermeiden, wenn man alle Segel noch rechtzeitig geborgen hat. Bei einer Kielyacht liegen die Verhältnisse anders. Das Bergen aller Segel geht hier nur, wenn genügend Raum vorhanden ist, nach Lee abzutreiben – sonst strandet man hilflos. Dieses Treiben ohne Segel nennt man *Lenzen vor Topp und Takel*. Man versucht bei einer Kielyach zunächst, mit stark gerefftem Großsegel un Sturmfock den Sturm abzuwettern. Sind di Böen aber zu stark, so birgt man das Groß segel und versucht, mit Fock allein noch Fahr zu machen. Auf Binnenseen versucht man mi einer Yacht, möglichst noch so weit manö vrierfähig zu bleiben, dass man nicht stran det. Dies erreicht man durch Stehenlassen de Fock (möglichst Sturmfock).

Wann und warum muss »gerefft« werden?

Wann?
Bei zunehmendem Wind. Bei Gewitter- ode Sturmanzeichen. Bei zu starker Krängung de Bootes.
Warum?
Durch rechtzeitiges Reffen werden die Kenter gefahr bei Jollen vermindert und Schäden ar der Takelage der Yacht vermieden. Eine Yach könnte man im Extremfall ungerefft soga vollsegeln und auf Grund setzen! Außerden segelt es sich bei starkem Wind gerefft oft vie ruhiger und zweckmäßiger.

Böiges Wetter. An der unterschiedlichen Färbung bzw. Kräuselung der Wellen erkennt man eine heran nahende Bö. Das Boot im Hintergrund fährt wohlweislich gerefft (eine kleinere Fock wäre besser gewesen). Zum Abwettern der Bö und Milderung de Krängung ist es erforderlich, die Segel zu fieren.

Wie wettert man eine starke »Bö« ab?

Amwindkurs: Die Segel leicht zum Killen bringen (weniger Geübte: leicht auffieren; gute Segler: anluven), dazu verstärkte Gewichtsverlagerung nach Luv.

Hinweis: Anluven ist nur möglich, wenn es rechtzeitig erfolgt und wenn die Segelstellung korrekt war (z. B. bei einem Halbwindkurs mit zu dichten Segeln würde sich die Krängung sogar verstärken!).

Raumwindkurs: Keinesfalls anluven, sondern im Gegenteil Gegenruder geben, um auf Kurs zu bleiben. Dazu verstärkt ausreiten.

Beim *Vorwindkurs* wäre eine Gegenruderlage gegen das Anluven auch richtig, der Kurs sollte aber bei stark böigen Verhältnissen vermieden werden.

Bö raumschots: Fieren ist richtig, aber Anluven wäre jetzt falsch. Diese Seglerin macht es richtig, sie gibt Gegenruder, um auf Kurs zu bleiben.

Bö auf Amwindkurs. Die hier machen es gut: Die Jollen krängen zwar noch zu stark, die einfallende Fock beim vorderen Boot und der Gegenbauch beim hinteren deuten aber darauf hin, dass sie die »Profi-Methode« zum Abwettern einer Bö am Wind angewandt haben: statt fieren = anluven.

Welches »Notsignal« kennen Sie?

Ein besonders auf Binnenrevieren allgemein verständliches Notsignal ist das wiederholte *Heben und Senken* der seitlich ausgestreckten Arme.
Allgemein verständlich als Notsignal sind auch *rote Feuerwerkskörper* (Seenotraketen, Munition von Signalgebern), die auf keinen Fall aus Spaß oder zur Übung abgeschossen werden dürfen.
Nach der Binnenschifffahrtsstraßen-Ordnung gilt eine im Kreis geschwenkte *rote Flagge* (nachts ein Licht) als Signal für ein Fahrzeug in Not, das Hilfe herbeirufen will.

Kann das Segeln »barfuß« und in »Badebekleidung« gefährlich sein?

Ja! *Barfuß* rutscht man bei nassem Boot leicht weg und kann sich dabei mindestens die Zehen wundschlagen. Auch unabhängig vom Wegrutschen gibt es an Bord so viele Stellen zum Anstoßen, dass man unbedingt immer Sport- oder Bootsschuhe tragen sollte.
Segeln in *Badebekleidung* kann bei Flaute ganz schön sein (aber Vorsicht vor Sonnenbrand!), bei Wind ist es aber ungesund und somit unvernünftig. Der Körper unterkühlt allmählich (Verdunstungskälte), dazu verspannen sich durch die Zugluft die Rückenmuskeln (Zerrungen, Bandscheibenprobleme), und die Nieren lieben solche Sachen auf die Dauer überhaupt nicht. Bloße Oberschenkel und Knie werden auch beträchtlich strapaziert.

Welche »vorbeugenden Maßnahmen« sind zu treffen für das Segeln bei hartem Wetter mit Kentergefahr?

Unter allen Umständen nur mit Schwimmwesten (Rettungswesten) segeln.
Wertsachen natürlich an Land lassen. Ordnung an Bord halten, also z. B. Leinen aufschießen, Spinnakerbaum usw. festzurren.
Sofern die Fallen an Klampen belegt sind, keinen *Kopfschlag*, sondern einen *Slip* machen.
Schwertfall muss belegt sein, damit beim Kentern das Schwert nicht verloren geht. Es sollte niemand in Lee sitzen, um beim Kentern nicht unters Segel zu geraten. Gegebenenfalls gerefft segeln.
Nicht so weit hinaus segeln, dass man notfalls übersehen werden könnte.

Wie verhalten Sie sich nach dem »Kentern« mit einer Vollholzjolle, die keine Auftriebskörper besitzt?

- Feststellen, ob die ganze Mannschaft »wohlauf« ist.
- Ist man unter das Segel geraten, so hilft nur Heraustauchen, und zwar möglichst zum Achterliek hin, um nicht mit den Wanten in Konflikt zu kommen.
  Achtung: Das Segel mit Händen oder Kopf hochdrücken zu wollen, ist zwecklos!
- Grundsätzlich beim Boot bleiben. Ein treibendes Boot wird von Helfern leichter gesichtet als ein Schwimmer. Wegschwimmen – auch mit Schwimmweste – ist immer gefährlich!
- Durchkentern (das seitlich flach auf dem Wasser liegende Großsegel dreht weiter mastabwärts) verhindern durch Festhalten am Schwert oder Mast.
- Aufschwimmende Gegenstände wie Paddel, Spi-Baum, Bodenbretter bergen und festzurren oder Helfern übergeben.
  Achtung: Aber nur, wenn die Sachen noch in Bootsnähe und gefahrlos zu holen sind!
- Segel bergen.
- Die von einem Motorboot zum Abschleppen zugeworfene Leine möglichst am Mast in Decknähe befestigen (z. B. zwei Rundtörns und zwei halbe Schläge).
- Boot aufrichten, Heck belasten und während des Abschleppens mitsteuern. Das Schwert muss dabei vollständig hochgezogen

Gekentert mit einer Vollholzjolle. Hier geht es auf keinen Fall mehr ohne Motorboothilfe!

werden, damit die Jolle nicht querschießt. Man sollte am Motorboot möglichst kurz angehängt sein, damit der Bug hochsteigt.

- Am Ufer Boot leerlenzen und wieder klarmachen.

Können Sie als Segler einer gekenterten Jolle »Hilfe leisten« und wie?

Ja natürlich! Man macht in Lee der gekenterten Jolle einen Aufschießer und sieht nach, ob die Mannschaft in Gefahr ist. Notfalls die Segel bergen und helfend eingreifen, d. h. Personen retten. Ein gekentertes Boot abschleppen geht nicht. Aber man könnte auch umherschwimmende Gegenstände (Bodenbretter, Paddel usw.) einsammeln und – bei Gefahr – Hilfe herbeirufen.

Wie kann man allein eine »über Bord gefallene Person« in eine Jolle hieven?

Ist eine zu bergende Person noch bei Kräften, so kann sie über Heck oder auf der Luvseite »hineinkrabbeln«. Hat sie allerdings keine Kraft mehr (oder ist sie sogar bewusstlos),

Ein Super-Bergetrick: Die Person auf diese Weise fassen und leicht hochziehen, kräftig eintauchen und mit Schwung an Bord hieven.

dann hilft nur ein Trick: Person auf der Luvseite (oder am Heck, sofern Achterschiff nicht abgedeckt) z. B. rücklings unter den Achseln (besser noch: Schulterstücke der Schwimmweste) fassen, kurze Hochziehbewegung und kräftig eintauchen, dann sofort hochziehen. Durch das Eintauchen ergibt sich ein derartiger Auftrieb (verstärkt durch Tragen einer Rettungsweste), dass das Hochhieven tatsächlich gelingt. Der gleiche Trick ist auch bei niedrigbordigen Kielbooten oder Motorbooten anwendbar, bei höherbordigen Booten auch mit zwei Helfern.

Was verstehen Sie unter »Havarie«?

Schäden, die durch Sturm, Kollision, Grundberührung, Abnutzung oder eigenes Verschulden an einem Schiff entstehen. Die meisten Havarien ereignen sich bei schwerem Wetter, starken Böen und Sturm.

Was ist bei einem »Vorschotbruch« zu unternehmen?

Reparatur mit Kreuzknoten, sofern der Teil dann nicht durch die Schotöse laufen muss. Unter Umständen Ersatzleine (z. B. Schleppleine) verwenden. Notfalls Fock bergen.

Wie verhalten Sie sich bei einem »Mastbruch«?

Den Mastteil vom Boot abhalten. Segel abschlagen. Stehendes und laufendes Gut wegtrennen. Den außenbords liegenden Teil des Mastes an Deck nehmen und festzurren, damit er keinen Schaden anrichtet. Vielleicht kann der Großbaum als Notmast dienen.

Was tun bei einem »Großbaumbruch«?

Unterliek abschlagen und versuchen, ohne Baum weiterzukommen.

Wie verhalten Sie sich bei einem »Wantbruch«?

Betroffen ist immer das belastete Luvwant! Sofort Schoten fieren, dann wenden. Auf dem anderen Bug kann man weitersegeln.
Vielleicht kann man eine Leine an das gebrochene Want anstecken und am *Pütting* (Beschlag, an dem die Wanten festgemacht sind) befestigen. Ein am Pütting befestigtes Fall kann auch helfen.

Wie verhalten Sie sich bei einem »Vorstagbruch«?

Das Vorliek der Fock ersetzt das Vorstag. Solange eine Fock gesetzt ist, haben wir kein Problem. War aber keine Fock gesetzt, sofort vor den Wind gehen und Fockfall am Vorschiff als Ersatz anschäkeln.

Wie verhalten Sie sich bei einem »Achterstagbruch«?

Dieser kommt in der Regel vor auf Vorwindkurs und beim Spinnakern. Sofort Spinnaker auswehen lassen und bergen, an den Wind gehen.

Wie verhalten Sie sich bei einem »Segelriss«?

Sofort aufschießen und das betroffene Segel bergen. Achtung: auch bei einem kleinen Riss, denn dieser kann sich schnell vergrößern! Klebeband hilft im Notfall. Bei einem Riss in Nähe des Unterlieks kann man reffen.

Wie behelfen Sie sich bei einer »Ruderhavarie«?

Versuchen, ein Notruder anzubringen (Paddel, Bodenbrett). Notfalls mit den Segeln steuern: anluven, d. h. Großsegel normal und Fock fieren; abfallen, d. h. Fock normal, Großsegel fieren.

Ist speziell die Pinne betroffen, dann Paddel, Bootshaken oder angespitzten Pinnenrest als Ersatz verwenden.

Boot hat ein »Leck«; was tun?

Ein kleineres Leck verstopft man mit Taschentuch, Segelsack oder Ähnlichem, ein größeres Leck mit Kissen, Kojenpolster oder aufblasbarer Rettungsweste, wobei man noch ein Brett dagegenpresst. Zusätzlich von außen ein Lecksegel (ein Vorsegel) anbringen, d. h., ein Vorsegel wird vom Bug her unter das Boot gezogen und an Steuerbord und Backbord befestigt, sodass es gegen das Leck gepresst wird. Ist das Leck nicht zu nah am Wasserpass, so versucht man, es durch Krängen über Wasser zu halten.
Ansonsten lenzen und das nächste Ufer zu erreichen versuchen. Hilft alles nichts, so ergibt sich bei der Jolle eine ähnliche Situation wie nach dem Kentern. Mit einer Kielyacht sollte man möglichst noch flaches Wasser erreicht haben, bevor sie auf Grund geht (Stelle mit Boje markieren!).
Achtung: Von einer sinkenden Yacht wegschwimmen wegen Strudel- und Soggefahr. Auch könnte man sich im Rigg verhängen und mitgerissen werden.

Sie sind mit einem Kielboot »aufgelaufen«; was tun?

Im Binnenbereich ist das Auflaufen nicht dramatisch, da sich meist keine Schäden einstellen und man sich selbst helfen kann.
Beim *Amwindkurs* genügen oft folgende Sofortmaßnahmen: Großsegel loswerfen, Vorsegel back setzen, krängen durch Gewichtsverlagerung nach Lee, Bug mit Bootshaken von Untiefe wegdrücken.
Beim *Raum-* und *Vorwindkurs* wird die Yacht weiter auf die Untiefe geschoben, weshalb ein sofortiges Fieren und Bergen der Segel angebracht ist. Als Nächstes muss ein Anker nach Luv ausgebracht werden (Beiboot).
Zum Freikommen selbst ist jeweils der Tiefgang zu vermindern: durch Krängen, Gewichtsverlagerung nach achtern und notfalls durch Gewichtsverminderung. Für eine wirkungsvolle Krängung hängt sich am besten die Crew in die Wanten oder notfalls auch an den ausgeschwenkten Großbaum. Nun müsste mit Motorhilfe (oder auch durch Aussteigen und Schieben) das Freikommen gelingen. Nach einer heftigen Grundberührung nicht vergessen, den Rumpf im Hinblick auf einen Schaden zu kontrollieren!

Diese Yacht ist gestrandet. Wenn es sich nicht um ein Gezeitenrevier handelt, bei dem man zum Abbergen auf Hochwasser warten könnte, ist es problematisch und ein Abbergen mit Kran oder Hubschrauber kostspielig. Glück hatte die Crew, dass hier ein Sandstrand war und keine Klippen.

Welche »Regeln« gelten bei Regatten?

Die Wettfahrtregeln – Segeln – der ISAF (International Sailing Federation), die Zusatzbestimmungen des Deutschen Segler-Verbandes (DSV) und Segelanweisungen des Veranstalters.

Sind die »Regatta-Wegerechtregeln« identisch mit den gesetzlichen Bestimmungen?

Im Prinzip sind die Hauptregeln identisch. Es gibt aber für einzelne Situationen jeweils abweichende Sonderbestimmungen.

Haben in einer Wettfahrt segelnde Boote »Vorfahrt« vor anderen Seglern?

Nein, es gelten für Regattasegler keine Vorrechte, die gesetzlichen Bestimmungen müssen eingehalten werden. Aus sportlicher Fairness sollte man aber Wettfahrtteilnehmer nicht behindern und ihnen den Vortritt lassen, auch wenn man selbst Vorfahrt hätte.

Was ist der Unterschied zwischen »Regatta« und »Wettfahrt«?

Eine *Regatta* besteht aus einer, meist aber mehreren *Wettfahrten*. Eine *Wettfahrt* umfasst nur den Zeitraum zwischen Ankündigungssignal und Zieldurchgang (bzw. Aufgabe, Abbruch).

Nach welchem »Punktsystem« wird eine Regatta gewertet?

Für jede Wettfahrt erhält man für seine Platzierung eine Punktzahl, entweder nach dem *Low-Point-System* oder bei olympischen Regatten nach dem *Bonus-Punktsystem*. Für die Gesamtwertung werden die Punkte zusammengezählt, wobei eine möglichst niedrige Zahl anzustreben ist.

Zieldurchgangsposition	Low-Point-System	Bonus-Punktsystem
1. Platz	1 Punkt	0 Punkte
2. Platz	2 Punkte	3 Punkte
3. Platz	3 Punkte	5,7 Punkte
4. Platz	4 Punkte	8 Punkte
5. Platz	5 Punkte	10 Punkte
6. Platz	6 Punkte	11,7 Punkte
7. Platz	7 Punkte	7+6 Punkte
8. Platz	8 Punkte	8+6 Punkte
usw.		

Wie sieht eine »Regattabahn« aus?

Auch wenn es heute beim Regattasegeln neue Kursvarianten gibt, so spielt der traditionelle olympische Kurs dennoch eine gewichtige Rolle: ein durch drei Bojen (Tonnen) markierter *Dreieckskurs*, der Kreuz- und Raumwindstrecken, dazu eine Vorwindstrecke enthält.
Je nach Ansage durch die Wettfahrleitung ist rechtsherum zu segeln, die Tonnen bleiben an Steuerbord. Oder es geht linksherum, die Bojen an Backbord. Die vollständige Bahn lautet nun: Start – 1 – 2 – 3 – 1 – 3 – Ziel oder Start – 1 – 2 – 3 – 1 – 3 – 1 – 2 – 3 – Ziel.
Der Start erfolgt prinzipiell genau gegen den Wind, sodass also als Erstes ein Kreuzkurs zur Boje 1 zu absolvieren ist. Zur Boje 2 und 3 geht's raumschots weiter. Der Weg von der Boje 1 zurück zu 3 ist eine Vorwindstrecke. In das Ziel wird immer gekreuzt.

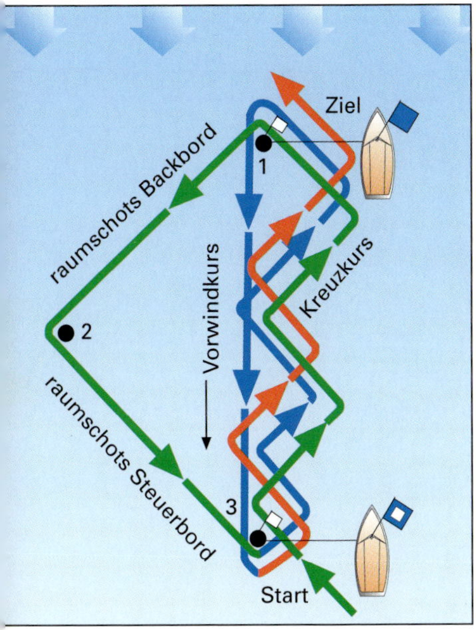

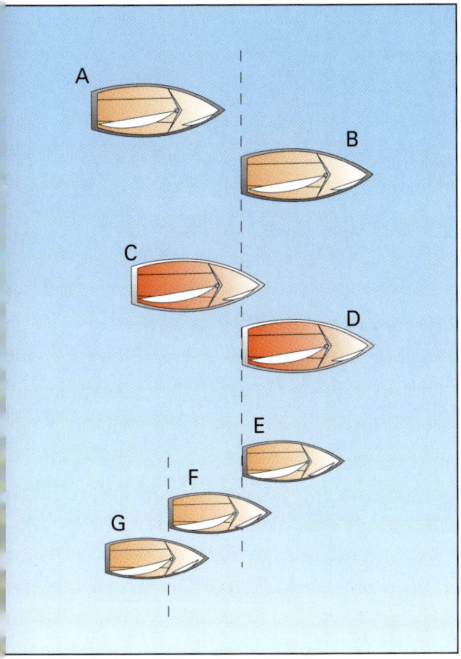

Was bedeutet: »klar achteraus«, »klar voraus«, »überlappen«?

Ein Boot liegt einem anderen *klar achteraus*, wenn sich sein Rumpf und die in normaler Lage befindliche Ausrüstung hinter einer angenommenen Linie befinden, die querab zum achterlichsten Punkt des Rumpfes (bzw. Ausrüstung) des anderen Bootes verläuft. Das andere Boot liegt dann *klar voraus*. Boote *überlappen*, wenn a) keines klar achteraus liegt, b) wenn, obwohl eines klar achteraus liegt, ein dazwischen liegendes Boot beide überlappt. Bei Überlappung ist das in Lee des anderen liegende Boot das *Leeboot*, das andere das *Luvboot*.

Was ist »sichere Leestellung«?

Wenn ein Boot am Wind entsprechend nahe und etwas voraus in Lee eines Konkurrenten liegt, so lenkt es den Wind so ab, dass das Luvboot ungünstige Bedingungen bekommt und zunächst zurückfällt. Befinden sich zwei Boote beim Kreuzen auf Kollisionskurs, so kann es für das mit Wind von Backbord besser sein, in die *sichere Leestellung* »hineinzuwenden«, als dem anderen hinterm Heck auszuweichen (siehe auch Abbildung Seite 108).

Was heißt »abdecken«?

Den Gegner versuchen abzudecken bzw. sich nicht abdecken zu lassen, ist ein wichtiger taktischer Kunstgriff. In Lee jedes Bootes entsteht ein Windschatten, in Luv wird der Wind umgelenkt – beides wirkt auf Boote nachteilig, die einem anderen in diesem Abdeckungsbereich nachsegeln (bzw. vorm Wind vorraussegeln). Dazu kommt unter Umständen auch noch die störende Bugwelle.

»Klar voraus«, »klar achteraus«, »überlappen«. Siehe Frage oben!

Immer wieder faszinierend: der Start zu einer Wettfahrt. Hier: Flying-Dutchman-Jollen (Klassenzeichen: FD) bei der Kieler Woche.

Wie und wo werden die »Start- und Ziellinie« ausgelegt?

Die Linien werden durch zwei Begrenzungsbojen markiert oder durch eine solche Boje und das Start- bzw. Zielschiff. Die *Startlinie* liegt immer bei oder in Nähe Boje 3 (oft ist die Boje 3 gleichzeitig eine Start-Begrenzungsboje), die *Ziellinie* liegt in Luv bei oder in Nähe Boje 1 (oft ist die Boje 1 gleichzeitig auch Ziel-Begrenzungsmarke). Die Linien liegen immer etwa im rechten Winkel zum wahren Wind, man muss also nach dem Start und ins Ziel kreuzen.

Was ist »richtiger Kurs«?

Ein Kurs, den ein Boot in Abwesenheit der anderen Boote, auf die sich die Regel mit diesem Begriff bezieht, segeln würde, um so schnell wie möglich ins Ziel zu gelangen. Vor dem Startsignal hat ein Boot keinen richtigen Kurs.

Wie geht ein »Start« zu einer Wettfahrt vor sich?

Der Start zu einer Wettfahrt ist »fliegend« und erfolgt immer gegen den Wind, weshalb die Linie etwa rechtwinklig zum Wind liegt. Nach den Wettfahrtregeln 2001–2004 ertönt 5 Minuten vor dem angesetzten Start das *Ankündigungssignal* (Schallsignal), und die Klassenflagge wird am Startschiff hochgezogen. 1 Minute später ertönt das *Vorbereitungssignal* mit Setzen der Flagge »P«. Soll die 1-Minuten-Regel gelten, wird zusätzlich oder an der Stelle von »P« die Flagge »I« gesetzt (bzw. bei Verschärfung der 1-Minuten-Regel die Flaggen »Z« oder »Z« mit »I« oder die schwarze Flagge). 1 Minute vor dem Start: langes Schallsignal, Vorbereitungsflagge wird gestrichen. Mit dem Startsignal wird auch die Klassenflagge geborgen. Sollen mehrere Bootsklassen hintereinander starten, so geschieht dies meist in Abständen von 5 Minuten. (Abb. Flaggensignale siehe Seite 110.)

Wann ist ein Boot im »Ziel«?

Beim Zielschiff ist eine blaue Flagge gesetzt. Ein Boot segelt durchs Ziel, sobald irgendein Teil des Rumpfes, der Ausrüstung oder Besatzung – und zwar in normaler Lage befindlich – die Linie aus der Richtung der letzten Bahnmarke kommend überquert.

Welche Problematik ist bei einem Start mit Wind von Backbord gegeben?

Bei der etwa rechtwinklig zum wahren Wind ausgelegten Startlinie starten normalerweise alle mit Wind von Steuerbord, weil sie Wegerecht gegenüber Booten mit Wind von Backbord haben. Einen Start mit Wind von Backbord kann man nur wagen, wenn man an der linken Seite der Startlinie ungestört ist und vor den anderen vorbeikommt oder wenn die linke Seite so bevorzugt ist, dass ohnehin die meisten mit Wind von Bb starten.

Was geschieht bei einem »Fehlstart«?

Zu früh startende Boote müssen auf ein *Rückrufsignal* hin (Flagge »X«) umkehren und die Linie, ohne die anderen zu behindern, noch mal passieren. Gehen mehrere Boote zu früh über die Linie, so wird der ganze Start wiederholt (»1. Hilfsstander«). Um weitere Frühstarts zu vermeiden, wird dann die *1-Minuten-Regel* (Flagge »I«) angewendet. Sie besagt: Befindet sich irgendein Teil des Bootskörpers, der Mannschaft oder der Ausrüstung des Bootes während der Minute vor seinem Startsignal auf der Bahnseite der Startlinie oder ihrer Verlängerungen, muss das Boot um eines der Enden der Linie auf die Vorstartseite segeln, bevor es startet.

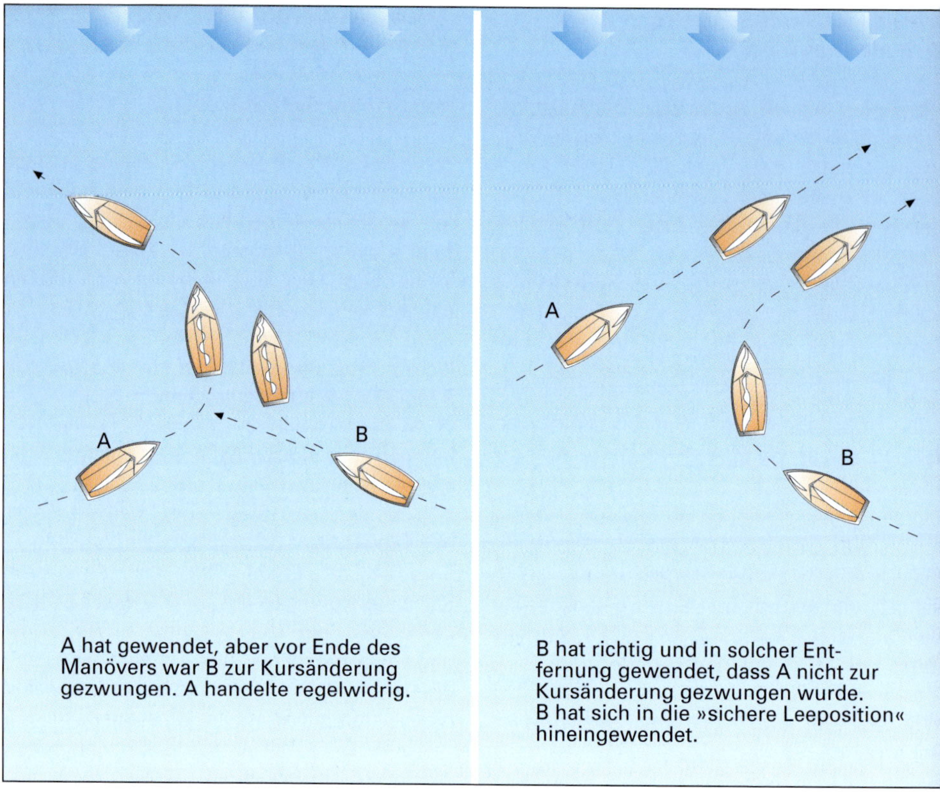

Beim Wenden darf man ein anderes Boot nicht behindern.

Wann beginnt ein Boot nach den Wettfahrtregeln mit dem »Wenden«?

Ein Boot wendet von dem Augenblick an, in dem es durch den Wind gegangen und bis es abgefallen ist: beim Kreuzen bis auf einen Amwindkurs; wenn es nicht kreuzt, bis auf einen Kurs, auf dem sein Großsegel voll steht.

Wann beginnt ein Boot nach den Wettfahrtregeln mit dem »Halsen«?

Ein Boot beginnt in dem Augenblick zu halsen, in dem das Unterliek seines Großsegels bei achterlichem Wind die Mittschiffslinie kreuzt. Es beendet die Halse, wenn das Großsegel auf dem anderen Bug voll steht.

Darf ein Boot beim »Wenden« oder »Halsen« ein anderes behindern?

Nein! Ein Boot, das wendet oder halst, muss sich von einem anderen segelnden Boot freihalten. Ein Boot darf nicht in eine Position hineinwenden (bzw. -halsen), die ihm Wegerecht gibt, es sei denn, es tut dies in einem solchen Abstand eines anderen Bootes, dass dieses nicht behindert wird. (Siehe Abbildung oben!)

Wie lautet das »Wegerecht« nach den Wettfahrtregeln?

Es sind dieselben Regeln, die allgemein Gültigkeit besitzen. Wichtig sind folgende drei Grundregeln:

- Ein Boot mit Wind von Backbord muss sich von einem Boot mit Wind von Steuerbord freihalten.
- Ein Luvboot muss sich von einem Leeboot freihalten.
- Ein klar achteraus liegendes Boot muss sich von einem klar voraus liegenden Boot freihalten.

Wer hat beim »Runden einer Bahnmarke« Wegerecht?

Wenn zwei oder mehrere Boote eine Bahnmarke runden wollen (nach dem Start), so hat das am meisten innen segelnde Boot Wegerecht, wenn es zwei Bootslängen vor der Marke eine Überlappung hergestellt hat.
Segeln allerdings beide Boote mit Wind von verschiedenen Seiten auf Kreuzkurs, so gilt die Regel »Boot mit Wind von Backbord muss sich von einem Boot mit Wind von Steuerbord freihalten«.

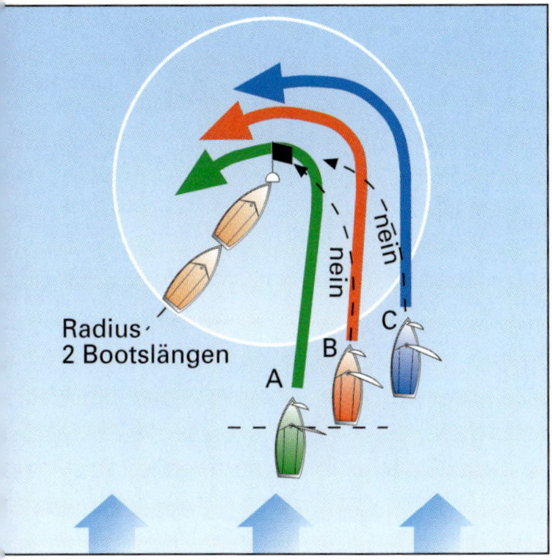

Eine Bahnmarke wird »berührt« bzw. »falsch gerundet«. Was nun?

Die Bahnmarken müssen auf der vorgeschriebenen Seite gerundet und dürfen nicht berührt werden. Berührt ein Boot die Marke schuldhaft, so kann es seinen Fehler dadurch wieder gutmachen, indem es sich sobald wie möglich deutlich von den anderen Booten freisegelt und unverzüglich eine vollständige 360°-Drehung einschließlich einer Wende und einer Halse ausführt.

Welche »Fehler« sind zu beobachten beim Runden der Bahnmarke 3 (Übergang von Raumschotskurs zum Kreuzkurs)?

Die Boje wird direkt angesteuert, dadurch entfernt man sich von ihr beim Anluven zu weit nach Lee und verschenkt wichtige Höhe. Man fährt sofort eine Wende und bremst so.
Im Allgemeinen (je nach Bootstyp) segelt man die Marke zunächst in einem kleinen Abstand an, luvt dann näher hin unter gleichzeitigem Dichterholen der Segel und bleibt zunächst auf dem gleichen Bug.

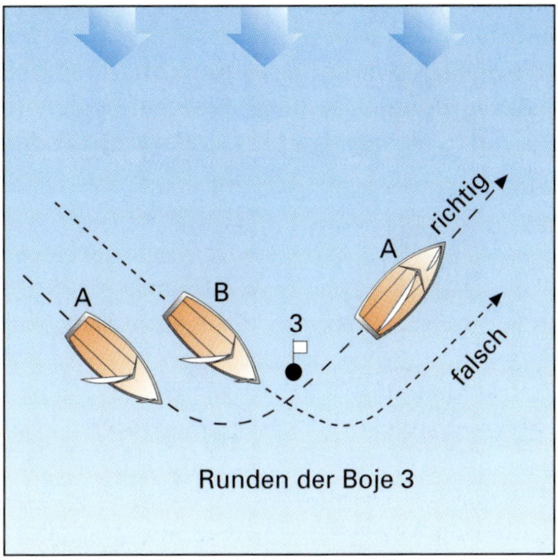

Laser auf Raumschotskurs, die nun die Bahnmarke 3 runden und auf Amwindkurs weitersegeln.

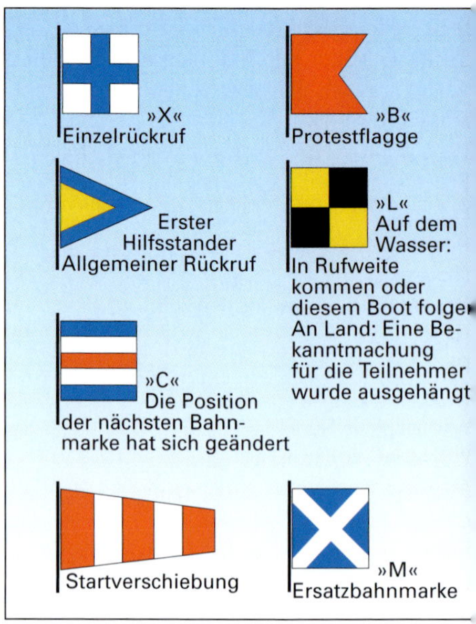

Die wichtigsten Flaggen, die beim Regattasegeln verwendet werden.

8 Verkehrsvorschriften

Nach welchen »Verordnungen« wird der Verkehr auf dem Wasser geregelt?

Zunächst ist zu sagen, dass man grundsätzlich zwischen zwei Arten von Verordnungen zu unterscheiden hat: zwischen den *Straßenordnungen* für die Wasserstraßen, bei denen Berufs- und Sportschifffahrt nebeneinander existieren, und den *Seenverordnungen* für die unter der Verwaltung der Länder, Gemeinden und sonstigen Organe stehenden Wasserflächen, bei denen die Sportschifffahrt überwiegt.

Auf den Seeschifffahrtsstraßen gelten folgende Verkehrsvorschriften:
Kollisionsverhütungsregeln (KVR)
Seeschifffahrtsstraßen-Ordnung (SeeSchStrO)
Schifffahrtsordnung Emsmündung

Die wichtigsten Verordnungen zur Regelung des Verkehrs auf den Bundeswasserstraßen sind:
Binnenschifffahrtsstraßen-Ordnung (BinSchStrO)
Donauschifffahrtspolizeiverordnung (DonauSchPV)
Moselschifffahrtspolizeiverordnung (MoselSchPV)
Rheinschifffahrtspolizeiverordnung (RheinSchPV)
Wassermotorräder-Verordnung
Wasserski-Verordnung
Seenverordnungen unter verschiedenen Namen gibt es für die vielen Reviere (gegebenenfalls informieren!), z. B. Bodensee-Schifffahrts-Ordnung, Verordnung für die Schifffahrt auf den bayerischen Gewässern, Verordnung über den Verkehr auf dem Steinhuder Meer.

Sie wollen auf einem Ihnen »fremden Revier« segeln. Welche Verpflichtung haben Sie?

Informationspflicht über Nutzungsvorschriften und verkehrsrechtliche Bestimmungen beim Segeln auf dem betreffenden Revier; außerdem über das örtliche Wind- und Sturmwarnsystem.

Wo kann man sich über die »geltenden Vorschriften« informieren?

Bei den zuständigen Gewässerverwaltungen, ortsansässigen Segelclubs, der Wasserschutzpolizei, bei der Kreuzer-Abteilung der DSV und beim ADAC (Sportschifffahrt).
Zusätzliche Bestimmungen für einzelne Binnenschifffahrtsstraßen findet man im Teil II der BinSchStrO.

Was ist nach der BinSchStrO ein »Kleinfahrzeug«?

Ein Fahrzeug, dessen Schiffskörper, ohne Ruder und Bugspriet, eine Höchstlänge von weniger als 20 m aufweist, einschließlich Segelsurfbrett, Amphibienfahrzeug, Luftkissenfahrzeug und Tragflügelboot, ausgenommen
- Fahrzeuge, die gebaut oder eingerichtet sind, um andere Fahrzeuge, die nicht Kleinfahrzeuge sind, zu schleppen, zu schieben oder längsseits gekuppelt mitzuführen;
- Fahrzeuge, die zur Beförderung von mehr als zwölf Fahrgästen zugelassen sind;
- Fähren, Schubleichter und schwimmende Geräte.

Was ist nach der BinSchStrO ein »Fahrzeug«?

See- und Binnenschiffe einschließlich Kleinfahrzeuge und Fähren sowie schwimmendes Gerät.

Welche Anforderungen stellt die BinSchStrO an den »Schiffsführer«?

Jedes Fahrzeug muss unter der Führung einer hierfür geeigneten Person stehen. Diese wird als *Schiffsführer* bezeichnet. Seine Eignung gilt als vorhanden, wenn er ein Befähigungszeugnis für die Fahrzeugart und die zu befahrende Strecke besitzt.
Führer von Sportbooten mit mehr als 3,68 kW (5 PS) Antriebsleistung und weniger als 15 m Länge müssen im Besitz des amtlichen Sportbootführerscheins Binnen sein (Mindestalter 16 Jahre).

Wozu sind alle Schiffsführer bei »unmittelbar drohender Gefahr« verpflichtet?

Bei *unmittelbar drohender Gefahr* muss der Schiffsführer alle Maßnahmen treffen, die die Umstände gebieten, auch wenn er dadurch gezwungen ist, von der BinSchStrO abzuweichen.

Wie muss sich jeder Schiffsführer bei »Unfällen« verhalten?

Bei *Unfällen*, die Menschen an Bord gefährden, muss der Schiffsführer zu ihrer Rettung alle verfügbaren Mittel aufbieten. Sofern bei einem Fahrzeugunfall Menschen in Gefahr sind oder dadurch eine Sperrung des Fahrwassers droht, ist der Schiffsführer jedes in der Nähe befindlichen Fahrzeuges verpflichtet, unverzüglich Hilfe zu leisten, soweit dies mit der Sicherheit seines eigenen Fahrzeuges vereinbar ist.

Was muss der Schiffsführer eines Sportbootes unternehmen, wenn sein Boot nahe am oder im Fahrwasser »gesunken« ist?

Umgehend die nächste Dienststelle der Wasser- und Schifffahrtsverwaltung des Bundes oder der Wasserschutzpolizei verständigen. Falls nötig, ist die übrige Schifffahrt zu warnen und das *Signal für festgefahrene oder gesunkene Fahrzeuge* zu geben:
rot-weiße Flagge (nachts rotes über weißem Licht) an der für die Durchfahrt freien Seite (rote Flagge bzw. rotes Licht an der nicht freien Seite)
Das genannte Flaggen- bzw. Lichtsignal geben auch *schwimmende Geräte bei der Arbeit*, die gegen Sog oder Wellenschlag geschützt werden müssen.

Sie liegen mit Ihrem Boot im »Fahrwasser« bei Flaute und streikendem Motor. Was tun Sie?

Umgehend das Fahrwasser frei machen (paddeln oder Schlepphilfe), Anker und Leinen klarlegen. Zusätzlich das *Notzeichen* geben: Schwenken einer roten Flagge (nachts: rotes Licht) im Kreis, zusätzlich oder ersatzweise mit der Glocke läuten oder lange Töne wiederholt abgeben.

Welches »Notzeichen« ist nach der BinSchStrO vorgesehen?

Ein Fahrzeug in Not, das Hilfe herbeirufen will: eine *rote Flagge* oder einen sonstigen geeigneten Gegenstand (nachts ein Licht) *im Kreise schwenken*. Mögliche Schallsignale: wiederholte lange Töne oder mit der Glocke läuten.

Wie kann eine Fahrrinne »bezeichnet« sein?

Die Fahrrinne einer Binnenschifffahrtsstraße kann durch *Schifffahrtszeichen* bezeichnet

sein, wobei sich die rechte und linke Seite auf die Talfahrt (von der Quelle zur Mündung) beziehen.
Rechte Seite: rote stumpfe Zeichen.
Linke Seite: grüne spitze Zeichen.
Spaltung: rot-grün waagerecht gestreifte Zeichen.
Toppzeichen, wenn vorhanden, sind rechts rot und zylinderförmig, links grün und spitz, bei Spaltung rot-grüner Ball.
Abzweigung, Einmündung, Hafeneinfahrt: rechte Seite rot-grün-rote stumpfe Zeichen, linke Seite grün-rot-grüne spitze Zeichen (Toppzeichen wie bei Seitenbezeichnung).

Sie sehen auf einer Binnenschifffahrtsstraße ein Segelboot mit einem »schwarzen Kegel« (Spitze unten). Was bedeutet dies?

Es handelt sich um ein Kleinfahrzeug unter Segel, das gleichzeitig mit Motor fährt. Es muss entsprechend ausweichen und nachts die Lichter eines Motorbootes unter 20 m Länge führen.

Wer weicht wem? Die Laser segeln mit Wind von Stb, die von Luv mit achterlichem Wind ankommende Yacht segelt mit Wind von Bb und ist ausweichpflichtig. Unabhängig von der Gesetzeslage ist es unfein, in dieser Art Boote bei einer Wettfahrt zu beeinträchtigen!

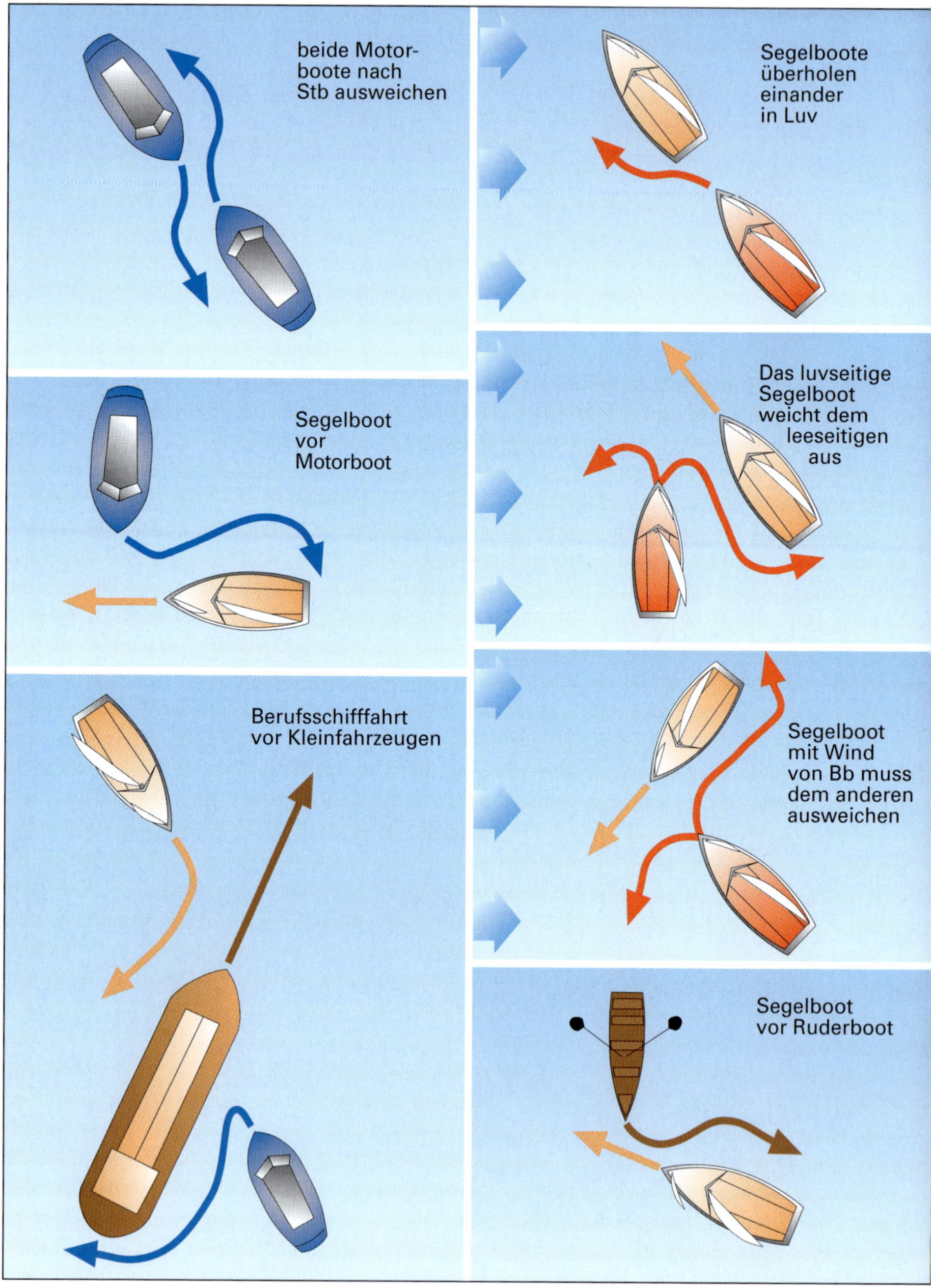
beide Motorboote nach Stb ausweichen
Segelboot vor Motorboot
Berufsschifffahrt vor Kleinfahrzeugen
Segelboote überholen einander in Luv
Das luvseitige Segelboot weicht dem leeseitigen aus
Segelboot mit Wind von Bb muss dem anderen ausweichen
Segelboot vor Ruderboot

Welche besonderen »Fahrregeln« gelten nach der BinSchStrO für Kleinfahrzeuge?

- Kleinfahrzeuge müssen allen übrigen Fahrzeugen mit Maschinenantrieb Raum lassen.
- Kleinfahrzeuge mit Maschinenantrieb müssen Kleinfahrzeugen ohne Maschinenantrieb ausweichen.
- Kleinfahrzeuge ohne Maschinenantrieb (z. B. Ruderboote) müssen den unter Segel fahrenden Kleinfahrzeugen ausweichen.
- Ausweichpflichtige Kleinfahrzeuge müssen beim Begegnen ihren Kurs rechtzeitig nach Steuerbord richten. Ist dies aus nautischen Gründen nicht möglich, muss das ausweichpflichtige Kleinfahrzeug rechtzeitig und unmissverständlich durch geeignete Manöver zeigen, wie es ausweichen will; die Absicht kann auch durch das entsprechende Schallzeichen angezeigt werden:
  1 kurzer Ton: »ich richte meinen Kurs nach Stb«, 2 kurze Töne: »ich richte meinen Kurs nach Bb«
- Im Übrigen sind auch die Regeln, die für alle gelten, zu beachten: Begegnen und überholen nur bei ausreichend breitem Fahrwasser. Überholen nur, wenn gefahrlos möglich. Kurs und Geschwindigkeit nicht so ändern, dass die Gefahr eines Zusammenstoßes entsteht. Bergfahrer müssen Talfahrern einen geeigneten Weg freilassen.

Welche besonderen »Fahrregeln« gelten nach der BinSchStrO für segelnde Kleinfahrzeuge?

- Wenn sie den Wind nicht von derselben Seite haben, muss das Fahrzeug, das den Wind von Backbord hat, dem anderen ausweichen.
- Wenn sie den Wind von derselben Seite haben, muss das luvseitige Fahrzeug dem leeseitigen Fahrzeug ausweichen.
- Nur unter Segel fahrende Kleinfahrzeuge überholen andere nur unter Segel fahrende Kleinfahrzeuge auf der Luvseite.
- Wenn ein Fahrzeug mit Wind von Backbord ein Fahrzeug in Luv sichtet und nicht mit Sicherheit feststellen kann, ob das andere Fahrzeug den Wind von Backbord oder von Steuerbord hat, muss es dem anderen ausweichen.
- Ein unter Segel fahrendes Kleinfahrzeug am Wind darf nicht derart kreuzen, dass es ein anderes Kleinfahrzeug, das das an seiner Steuerbordseite gelegene Ufer anhält, zum Ausweichen zwingt.

Was beachten Sie, wenn ein »Ruderboot« Ihren Kurs kreuzt?

Obwohl Ruderboote einem Segelboot ausweichen müssen, sollte der Segler die Vorfahrt gewähren. Er ist meist manövrierfähiger und regelkundiger als ein Freizeitruderer, und trainierende Sportruderboote sollte er aus sportlicher Fairness nicht behindern.

Wie müssen Sportboote und Beiboote »gekennzeichnet« sein?

Ein bei einem Wasser- und Schifffahrtsamt *registriertes Sportboot* muss mit dem amtlich erteilten Kennzeichen (10 cm hohe Buchstaben und Ziffern) außen an beiden Bug- oder Heckseiten oder am Spiegel versehen sein; außerdem mit dem Namen und der Anschrift des Eigentümers an der Innen- oder Außenseite des Kleinfahrzeugs. *Beiboote* müssen nach der BinSchStrO an der Innen- oder Außenseite ein Kennzeichen tragen, das die Feststellung des Eigentümers erlaubt.

Wie sehen »Gebotszeichen« aus?

Es handelt sich um rot umrandete, viereckige Verkehrszeichen mit einem schwarzen Symbol in der Mitte.

Liegeverbot
500
500
Liegeverbot (auf 500 m)
oder
Vermeidung von Wellenschlag oder Sogwirkungen
Anhalten
Ankerverbot
Nur für Kleinfahrz. ohne Antrieb befahrbar
Besondere Vorsicht
Festmacheverbot
Gebot, die angezeigte Richtung einzuschlagen
40
Fahrwassereinengung (m)
Fahrwassertiefe begrenzt
Höhe begrenzt
Überholverbot (gilt nicht für Kleinfahrzeuge)
Begegnen und Überholen verboten (gilt nicht für Kleinfahrzeuge)
Wendeverbot
12
Geschwindigkeitsbegrenzung (in km/h)
Als Hinweiszeichen: Hinweis auf eine Wendestelle.
An empfohlenen Wendeplätzen besteht zugleich allgemeines Anker- und Stillliegeverbot!
Empfehlung, in Pfeilrichtung zu fahren
P
Stillliegen erlaubt
Ankern erlaubt
Ende eines Verbots oder Gebots
Nicht frei fahrende Fähre
Wasserskistrecke
Festmachen erlaubt
Hinweis auf Wehr
Fahrerlaubnis für Segelfahrzeuge
Erlaubnis für Segelsurfen
UKW 18
VHF 18
Nautischer Informationsfunk. Beispiel: Kanal 18
Fahrerlaubnis für Wassermotorräder

Wie sehen »Verbotszeichen« aus?

Es handelt sich vorwiegend um rot umrandete Vierecke mit einem schwarzen Symbol in der Mitte und einem roten Schrägstrich.

Wie sehen »Hinweiszeichen« aus?

Es handelt sich um blaue Tafeln mit einem weißen Symbol in der Mitte. Diese Zeichen haben empfehlenden und hinweisenden Charakter. (Abbildungen von Gebots-, Verbots- und Hinweiszeichen siehe Seite 116.)

Welche möglichen Verkehrszeichen regeln nach der BinSchStrO die »Durchfahrt unter einer Brücke«?

Rote Zeichen bedeuten keine Durchfahrt. Grüne Zeichen drücken freie Fahrt aus. Gelbe oder weiß-grüne Zeichen geben eine Empfehlung für die Durchfahrt. Im Einzelnen:
Zwei *rot-weiße* (auf die Spitze gestellte) quadratische Schilder: Durchfahrt außerhalb dieser Begrenzung verboten.
Rot-weiß-rotes (waagerecht gestreift) eckiges Schild: Durchfahrt verboten.
Zwei *grün-weiße* (auf die Spitze gestellte) quadratische Schilder: Durchfahrt empfohlen.
Grün-weiß-grünes (senkrecht gestreift) eckiges Schild: Durchfahrt frei.
Ein *gelbes* (auf die Spitze gestelltes) quadratisches Schild: empfohlene Durchfahrt mit Gegenverkehr.
Zwei solche *gelben* Schilder: empfohlene Durchfahrt ohne Gegenverkehr.

Müssen Sportboote nach der BinSchStrO »Schallzeichen« geben?

Nein, aber sie dürfen welche geben (Hupe oder Horn). Fahrzeuge mit Maschinenantrieb müssen Schallzeichen mittels mechanisch betriebener Schallgeräte, verbunden mit gelben Lichtzeichen geben.

Was bedeuten nach dem Binnen- und Seeverkehrsrecht folgende »Manöversignale«: a) ein langer Ton, b) ein kurzer Ton, c) zwei kurze Töne, d) drei kurze Töne?

a) Achtung, b) ich richte meinen Kurs nach Steuerbord, c) ich richte meinen Kurs nach Backbord, d) meine Maschine geht rückwärts.

Was bedeutet nach der BinSchStrO und der SeeSchStrO eine »fortlaufende Folge von einem kurzen und einem langen Ton«?

Es handelt sich um das *Bleib-weg-Signal*, das gegeben wird, wenn auf Schiffen bestimmte gefährliche Güter oder radioaktive Stoffe frei werden oder frei zu werden drohen und entsprechende Gefahr besteht.

Was bedeuten folgende »Schallsignale«: a) ein langer und ein kurzer Ton, b) ein langer Ton und zwei kurze Töne?

Es sind Verständigungssignale von Fahrzeugen nach der BinSchStrO in folgender Bedeutung: a) Ich wende über Steuerbord, b) ich wende über Backbord.

Welche »Schallzeichen bei unsichtigem Wetter« kennen Sie (BinSchStrO)?

Ein langer Ton (längstens jede Minute): Einzelfahrzeug oder Verband in Fahrt.
Eine Gruppe von Glockenschlägen (jede Minute): Fahrzeug, das auf der linken Fahrwasserseite stillliegt.
Zwei Gruppen von Glockenschlägen (jede Minute): Fahrzeug, das auf der rechten Fahrwasserseite stillliegt.
Drei Gruppen von Glockenschlägen (jede Minute): Lage des Fahrzeugs ist unbestimmt.
Dreitonzeichen, dreimal hintereinander drei aufeinander folgende Töne von verschiedener Höhe: Radartalfahrer. Wenn ein Segler dieses

Schallzeichen hört, soll er das Fahrwasser freimachen oder am Ufer bleiben, da der Radarfahrer unverminderte Fahrt läuft, ohne das Segelboot auf dem Radarschirm zu sehen.

Wann müssen »Lichter« geführt werden?

Nachts (zwischen Sonnenuntergang und Sonnenaufgang) und bei unsichtigem Wetter.

Wie unterscheiden sich »Rundumlicht« und »Topplicht«?

Ein *Rundumlicht* (farbig oder weiß) ist über einen vollen Kreis, also über den ganzen Horizontbogen sichtbar. Ein *Topplicht* ist weiß und scheint über einen Horizontbogen von 225° nach vorne. Den beim Topplicht fehlenden Sektor von 135° füllt das weiße *Hecklicht* aus.

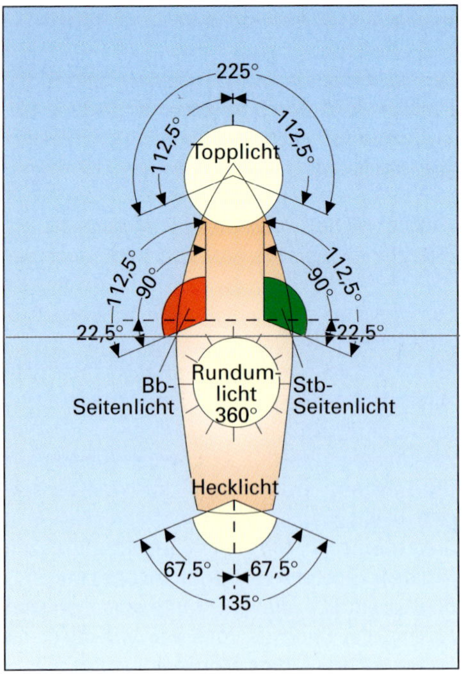

Welche Farben haben die »Seitenlichter«?

Auf der Steuerbordseite *grün*, auf der Backbordseite *rot* (jeweils 112,5°).

Welche Lichter hat ein »Segelboot« zu führen?

Nach der BinSchStrO gibt es folgende Möglichkeiten:

- Ein *weißes Rundumlicht* im Topp, dazu bei Annäherung anderer Fahrzeuge ein *zweites weißes Licht* zeigen.
- *Seitenlichter* (rot, grün) und *Hecklicht*.
- *Seitenlichter* in einer *Zweifarbenlaterne* am oder nahe am Bug und Hecklicht.
- *Dreifarbenlaterne* im Topp.

Welche Lichter müssen »Kleinfahrzeuge mit Maschinenantrieb« führen?

Nach der BinSchStrO gibt es drei Möglichkeiten:

- *Weißes Topplicht* in Deckshöhe am Bug, mindestens 1 m dahinter und auf gleicher Höhe *Seitenlichter* (rot/grün), weißes *Hecklicht*.
- *Seitenlichter* (rot/grün) in *Zweifarbenlaterne* am oder nahe am Bug, dahinter und mindestens 1 m höher weißes *Topplicht*, weißes *Hecklicht*.
- *Seitenlichter* (rot/grün) in *Zweifarbenlaterne* am oder nahe am Bug, *weißes Rundumlicht* an Stelle von Topp- und Hecklicht.

Sie sehen nachts im Bereich einer Binnenschifffahrtsstraße ein »weißes Licht«. Um was handelt es sich?

Es gibt sechs Möglichkeiten:

- Es handelt sich um ein Hecklicht, das die meisten Fahrzeuge in Fahrt führen müssen.
- Es handelt sich um das von allen Seiten sichtbare Licht, das nur unter Segel fahrende Kleinfahrzeuge führen können.

- Es handelt sich um das von allen Seiten sichtbare Licht eines Ruderbootes.
- Es handelt sich um das Licht, das Beiboote bei Annäherung anderer Fahrzeuge zeigen müssen.
- Es handelt sich um das Rundumlicht eines geschleppten Fahrzeuges unter 110 m Länge.
- Es handelt sich um das Rundumlicht auf der Fahrwasserseite eines stillliegenden Fahrzeuges.

Sie sehen nachts voraus ein »grünes und ein rotes Licht«, darüber ein »weißes Licht«. Die Lichter kommen näher. Was haben Sie vor sich und was unternehmen Sie?

Es handelt sich um ein *Fahrzeug mit Maschinenantrieb unter 110 m Länge*, das auf den Betrachter zuläuft. Es sind hier von vorne die beiden Seitenlichter und das Topplicht zu sehen. Man versucht in diesem Fall, aus dem Kurs herauszulaufen. (BinSchStrO)

Sie sehen nachts ein »grünes Licht« und rechts darüber ein »weißes Licht«. Um was für ein Fahrzeug handelt es sich?

Es handelt sich um die Steuerbordseite eines *Fahrzeuges mit Maschinenantrieb bis 110 m Länge* bzw. *eines Segelbootes unter Motor.* Das Boot läuft also vom Betrachter aus gesehen von links nach rechts. Man kann dabei nur das grüne Stb-Licht sehen und noch das Topplicht (und noch nicht das Hecklicht). (BinSchStrO)

Sie sehen nachts vor sich ein »grünes« und ein »rotes Licht«, darüber »zwei weiße Lichter« übereinander. Was haben Sie vor sich und was tun Sie?

Es handelt sich um ein *Motorfahrzeug über 110 m Länge* oder auch einen *Schlepper*. Von dem Fahrzeug sieht man beide Seitenlichter und die zwei weißen vorgeschriebenen Topplichter. Das Boot hält also genau Kurs zu mir hin. Ich weiche aus bzw. mache notfalls durch Signale auf mich aufmerksam. (BinSchStrO)

Sie sehen nachts ein »grünes Licht«, rechts davon und höher ein »weißes Licht« mit einem »grünen Licht« darüber. Um welches Fahrzeug handelt es sich?

Es handelt sich um die Steuerbordseite einer *frei fahrenden Fähre*. Diese läuft also vom Betrachter aus gesehen von links nach rechts. (BinSchStrO)

Sie sehen auf einer Binnenschifffahrtsstraße ein Boot mit einem »gelben Doppelkegel«. Was ist das?

Ein *Fahrzeug unter 20 m Länge*, das zur Beförderung von mehr als zwölf Fahrgästen zugelassen ist.

Welches Boot führt ein »blaues Funkellicht«?

Fahrzeug der *Überwachungsbehörden;* gilt auch für *Feuerlöschboote*, für *Wasserrettungsfahrzeuge* im Rettungseinsatz, für *Zollboote* und für Fahrzeuge des *Bundesgrenzschutzes*.

Welche Lichter und Tagzeichen muss nach der BinSchStrO ein »Schleppverband« führen?

Schlepper: zwei weiße *Topplichter* übereinander, *Seitenlichter* (rot/grün) und *gelbes Hecklicht.*
Tags: gelber *Zylinder* mit je einem schwarzen und weißen Streifen oben und unten.
Geschleppte(s) Fahrzeug(e): weißes *Rundumlicht* (über 110 m Länge ein zweites *Rundumlicht* (weiß) auf dem Achterschiff). Das letzte

Fahrzeug führt das *weiße Hecklicht* (entfällt bei Kleinfahrzeugen).
Tags: Jedes geschleppte Fahrzeug ein *gelber Ball* (ein Kleinfahrzeug am Schluss führt nichts).

Welche Lichter bzw. Tagbezeichnung muss ein Fahrzeug bei Beförderung »bestimmter gefährlicher Güter« führen?

Nach der BinSchStrO zusätzlich zu den üblichen Lichtern eines Maschinenfahrzeuges

- bei Beförderung bestimmter entzündbarer Stoffe: *ein blaues Rundumlicht* (tags *einen blauen Kegel*, Spitze unten),
- bei Beförderung gesundheitsschädlicher Stoffe: *zwei blaue Rundumlichter* übereinander (tags *zwei blaue Kegel* übereinander),
- bei Beförderung explosiver Stoffe: *drei blaue Rundumlichter* übereinander (tags *drei blaue Kegel* übereinander).

Sie ankern und Ihr Anker könnte die »Schifffahrt gefährden«. Welche Lichter bzw. Zeichen setzen Sie?

Zwei weiße *Rundumlichter* übereinander auf der Fahrwasserseite. Tags: Kennzeichnung des Ankers durch einen *gelben Döpper*. (BinSchStrO)

Wie ist ein »schwimmendes Gerät bei der Arbeit« nach der BinSchStrO gekennzeichnet?

An der für die Durchfahrt freien Seite: grün-weiß-grüne Tafel oder zwei *grüne* Doppelkegel übereinander (nachts zwei grüne Lichter übereinander). *An der gesperrten Seite: rot-weiß-rote* Tafel oder roter Ball (nachts ein *rotes* Licht).

Was beachten Sie alles beim »Schleusen«?

Motor an, Segel bergen, Fender ausbringen, Festmacheleinen und Bootshaken klarlegen.
Einfahrtssignale beachten (zwei rote Lichter: keine Einfahrt; zwei grüne Lichter nebeneinander: Einfahrt frei).
Grundsätzlich nach der Großschifffahrt langsam einfahren, dabei Sicherheitsabstand wegen des Schraubenwassers der vorausfahrenden Großschiffe einhalten. Während der Schleusung jeweils die Leinen dem steigenden bzw. sinkenden Wasserstand anpassen.
Bei der Ausfahrt (grünes Licht) wieder in Sicherheitsabstand hinter der Großschifffahrt ausfahren, nicht zu früh die Leinen loswerfen.

Wichtig beim Schleusen ist, dass man das Boot nicht festbindet, sondern die Festmacheleinen wegen der Wasserstandsänderungen aus der Hand führt.

9 Yachtgebräuche und Umweltschutz

Was heißt das, »Yachtgebräuche«?

Das Wort *Yachtgebräuche* meint vorwiegend das »seglerische« Verhalten desjenigen, der sich für den weißen Sport entschieden hat. Ein großer Teil dieser Verhaltensweisen entstand aus reiner Zweckmäßigkeit, aus Gründen der Sicherheit, und auch die Fairness und Höflichkeit beanspruchen einen gewichtigen Platz.

Was versteht man unter »unseemännischem Verhalten«? Nennen Sie einige Beispiele!

Übermäßiger Lärm, lautes Gebaren und laute Musik.
Mangelhaft gesetzte Segel, über Bord hängende Leinen und Fender, ein beschmutztes Vorschiff und Unordnung an Bord.
Rauchen? Warum nicht. Wenn aber die Segel geborgen, gesetzt oder aufgetucht werden, ist Rauchen (Ausnahme: Pfeife) »unseemännisch«, da zu leicht Glut auf das Tuch fallen könnte. Dies endet immer mit einem Loch im Segel!
Barfußsegeln ist wegen der Verletzungsgefahr an Bord »unseemännisch«. Im Sommer bei Flaute ist das Sonnen an Bord im Badekostüm sicher recht schön. Bei Wind ist es aber ungesund.
Baden vom Boot aus (Ausnahme: vor Anker) ist auch aus Gründen der Sicherheit »unseemännisch«.

Was gilt beim Besteigen eines »Beibootes«?

Abgesehen davon, dass man ein Beiboot entsprechend vorsichtig besteigen soll, um ein unfreiwilliges Bad zu vermeiden, gelten auch hier Yachtgebräuche:

Ein Beiboot besteigt gewöhnlich der Jüngste zuerst, der Älteste (bzw. die Dame oder der »Würdigste«) zuletzt. Beim Aussteigen umgekehrt. Vor dem Aussteigen bleibt man so lange sitzen, bis das Boot angelegt hat.

Sie laufen einen »fremden Clubhafen« an. Wie verhalten Sie sich?

Man legt nicht einfach an einem freien Liegeplatz an, macht fest und geht fort, da man ja nicht weiß, ob der Platz wirklich frei bleibt. Man belegt also provisorisch an einem geeigneten Platz, sucht den Hafenmeister oder eine zuständige Person auf und fragt nach einem Gastliegeplatz.

Was wissen Sie über die »Flaggenführung«?

Flaggen sind viereckig, *Stander* meist dreieckig (Verhältnis 3:2), und *Wimpel* haben eine lange, schmale, dreieckige oder vorn abgestumpfte Form. Die *Nationalflagge* ist auf den Seeschifffahrtsstraßen, in Küstengewässern, auf See und im Ausland zu führen, nicht aber auf Bundeswasserstraßen. Bei slupgetakelten Booten wird sie an einem Flaggenstock am Heck gefahren, bei mehrmastigen Booten im Topp des hinteren Mastes. Nach Einfahrt in den Hafen eines Gastlandes setzen Yachten die *Flagge des Gastlandes* unter der Steuerbordsaling. Ein *Vereinsstander* wird im Großtopp gefahren und weht Tag und Nacht.

Welche Verhaltensregeln gelten beim »Längsseitsliegen« an einer fremden Yacht?

Einerseits wird man die Erlaubnis des fremden Schiffseigners einholen, längsseits gehen zu dürfen, andererseits wird man eine solche Erlaubnis nicht verwehren. Sodann geht man vorsichtig längsseits und schützt beide Boote durch eine ausreichende Zahl von Fendern. Muss man zum Landgang über das andere Schiff steigen, so geht man leise und vorsichtig über das Vorschiff (man könnte dazu auch fragen) und verunreinigt nichts.

Was verstehen Sie unter »sportlichem Verhalten« eines Seglers?

Unter *sportlichem Verhalten* eines Seglers könnte man zunächst mal die Tugend verstehen, die man im Sport allgemein unter dem Begriff »Fairplay« kennt. Dazu gehört z. B. beim Regattasegeln das Einhalten der Regeln. Ein fairer Regattasegler zieht z. B. auch dann die Konsequenzen aus einem Regelverstoß, wenn er unbeobachtet war! Dazu gehört auch die Achtung vor dem Gegner und die kameradschaftliche Hilfe. Ganz allgemein gehören zum sportlichen Verhalten auch Höflichkeit und Anstand: Man wird also jegliches laute und störende Gebaren vermeiden. Man könnte z. B. fremde einlaufende Boote im eigenen Hafen zu einem Liegeplatz weisen und beim Festmachen helfen. Ohne Frage wird man bei Liegeplatzmangel im fremden Hafen einer anderen Yacht das Längsseitsfestmachen beim eigenen Schiff nicht verweigern! Auch die Mannschaften deutscher Yachten begrüßen sich in fremden Häfen natürlich persönlich. Und was selbstverständlich – und auch gesetzlich geregelt – ist: Ein Segler leistet Menschen oder Schiffen in Not Hilfe – sofern das mit seiner Sicherheit zu vereinbaren ist.

Benötigt man zum Befahren einer Binnenschifffahrtsstraße mit einem Sportboot einen »Führerschein«?

Für alle Sportboote unter 15 m Länge und mit Motor über 3,68 kW (5 PS) braucht man den amtlichen *Sportbootführerschein Binnen*. Der alte DSV-A-Schein gilt als Sportbootführerschein, wenn auch der Motorteil geprüft und bestanden wurde.

Welchen guten Beitrag zur »Reinerhaltung unserer Gewässer« können Sie als Segler leisten?

Wenn man die Verantwortung nicht nur an die Politiker oder die große Industrie abschiebt (die beide viele Fehler gemacht haben), sondern bei sich selbst im Kleinen anfängt, ist schon viel gewonnen!
So sollte man z. B. sämtliche Abfälle sammeln, ausgelaufene Öle und Betriebsstoffe an Bord auffangen und an Land an einer entsprechenden Aufnahmestelle abgeben. Bewohnbare Boote mit Koch- und Sanitäreinrichtungen sollten (und müssen) einen Abwassertank besitzen, der an einer vorgesehenen Abgabestelle entleert werden kann.

Wo können Sie »Umweltschutz-Verhaltensweisen« für Wassersportler erfahren?

Die deutschen Wassersportverbände und der Deutsche Naturschutzring haben *10 Goldene Regeln für das Verhalten von Wassersportlern in der Natur* erarbeitet. Diese in den Führerschein-Lehrbüchern abgedruckten Regeln beinhalten Hinweise für das Verhalten zum Schutz seltener Tiere und Pflanzen sowie für die Reinerhaltung der Gewässer.

Welche »Gebiete und Zonen« sollte der Segler aus Umweltschutzgründen meiden?

Röhrichtbestände und Schilfgürtel (Rast- und Brutplätze besonders schutzbedürftiger Vögel), Kies-, Sand- und Schlammbänke (Rastplatz für Vögel), seichte Gewässer in dicht bewachsenen Uferzonen (Fischlaichgebiete und schutzbedürftige Pflanzen), Fischereigebiete, Fischlaich- und Naturschutzzonen (sofern diese Zonen nicht ohnehin gesperrt sind, sollte man sie langsam durchfahren!).

10 Goldene Regeln für das Verhalten von Wassersportlern in der Natur

1. Meiden Sie das Einfahren in Röhrichtbestände, Schilfgürtel, Ufergehölze und in alle sonstigen dicht und unübersichtlich bewachsenen Uferpartien. Meiden Sie darüber hinaus Kies-, Sand- und Schlammbänke (Rast- und Aufenthaltsplatz von Vögeln). Meiden Sie auch seichte Gewässer (Laichgebiete), insbesondere solche mit Wasserpflanzen.
2. Halten Sie einen ausreichenden Mindestabstand zu Röhrichtbeständen, Schilfgürteln und anderen unübersichtlich bewachsenen Ufergehölzen – auf großen Flüssen beispielsweise 30 bis 50 Meter. Halten Sie einen ausreichenden Mindestabstand zu Vogelansammlungen auf dem Wasser, wenn möglich mehr als 100 Meter.
3. Befolgen Sie in Naturschutzgebieten unbedingt die geltenden Vorschriften. Häufig ist Wassersport in Naturschutzgebieten ganzjährig, zumindest aber zeitweise völlig untersagt oder nur unter ganz bestimmten Bedingungen möglich.
4. Nehmen Sie in »Feuchtgebieten internationaler Bedeutung« bei der Ausübung von Wassersport besondere Rücksicht. Diese Gebiete dienen als Lebensstätte seltener Tier- und Pflanzenarten und sind daher besonders schutzwürdig.
5. Benutzen Sie beim Landen die dafür vorgesehenen Plätze oder solche Stellen, an denen sichtbar kein Schaden angerichtet werden kann.
6. Nähern Sie sich auch von Land her nicht Schilfgürteln und der sonstigen dichten Ufervegetation, um nicht in den Lebensraum von Vögeln, Fischen, Kleintieren und Pflanzen einzudringen und diese zu gefährden.
7. Laufen Sie im Bereich der Watten keine Seehundbänke an, um die Tier nicht zu stören oder zu vertreiben.
   Halten Sie mindestens 300 bis 500 Meter Abstand zu Seehundliegeplätzen und Vogelansammlungen. Bleiben Sie hier auf jeden Fall in der Nähe des markierten Fahrwassers. Fahren Sie mit langsamer Fahrstufe.
8. Beobachten und fotografieren Sie Tiere nur aus der Ferne.
9. Helfen Sie das Wasser sauber zu halten. Abfälle gehören nicht ins Wasser, z. B. der Inhalt von Chemietoiletten. Diese Abfälle müssen genauso wie Altöle in bestehenden Sammelstellen der Häfen abgegeben werden. Benutzen Sie in Häfen ausschließlich die sanitären Anlagen an Land.
   Lassen Sie beim Stillliegen den Motor Ihres Bootes nicht unnötig laufen, um die Umwelt nicht zusätzlich durch Abgase zu belasten.
10. Machen Sie sich diese Regeln zu Eigen, informieren Sie sich vor Ihren Fahrten über die für Ihr Fahrtgebiet bestehenden Bestimmungen und sorgen Sie dafür, dass diese Kenntnisse und eigenes vorbildliches Verhalten gegenüber der Umwelt auch an die Jugend und an nicht organisierte Wassersportler weitergegeben werden.

Welche »Motorarten« gibt es als Bootsantriebe?

Dieselmotoren, Zwei- und Viertakt-Benzinmotoren, die als Einbaumaschine (Dieselmotor und Viertakter) oder als Außenborder (Zweitakter und Viertakter) ausgeführt sein können.

Welches sind die »Vor- und Nachteile« eines Dieselmotors gegenüber einem Viertakt-Benzinmotor?

Vorteile: wirtschaftlicher, weniger störanfällig, explosionssicherer, langlebiger.
Nachteile: schwerer, lauter, teurer in der Anschaffung.

Welche Vorteile besitzt ein »Zweitaktmotor«?

Es ist kein Ölwechsel erforderlich, weil der Motor durch die Ölzugabe zum Benzin (Gemisch) geschmiert wird. Er ist aber weniger umweltfreundlich als ein Viertakter.

Was ist ein »Radeffekt«?

Bei Booten mit Einbaumaschine und starrer Welle ist die Drehrichtung des Propellers mit einem *Radeffekt* verbunden, d. h., neben dem Vortrieb ergibt sich ein seitliches Versetzen des Hecks. Je nach Drehrichtung des Propellers unterscheidet man einen *rechtsgängigen Propeller* (dreht von achtern gesehen im Vorwärtsgang rechtsherum, im Rückwärtsgang linksherum) und einen *linksgängigen Propeller* (dreht von achtern gesehen im Vorwärtsgang linksherum, im Rückwärtsgang rechtsherum). Der mit der Drehrichtung des Propellers verbundene *Radeffekt* kommt in folgender Weise zustande: Die in den Propeller hineingesteckte Kraft wird durch dessen Form und Drehsinn in zwei Komponenten zerlegt, deren eine den erwünschten Vortrieb ergibt und deren andere das Heck seitlich versetzen möchte. Ein Boot mit rechtsgängigem Propeller wird somit mit seinem Heck im Vorwärtsgang nach rechts (seemännisch: nach Steuerbord), im Rückwärtsgang nach links (Backbord) versetzt. Genau umgekehrt sind die Gegebenheiten beim linksgängigen Propeller.

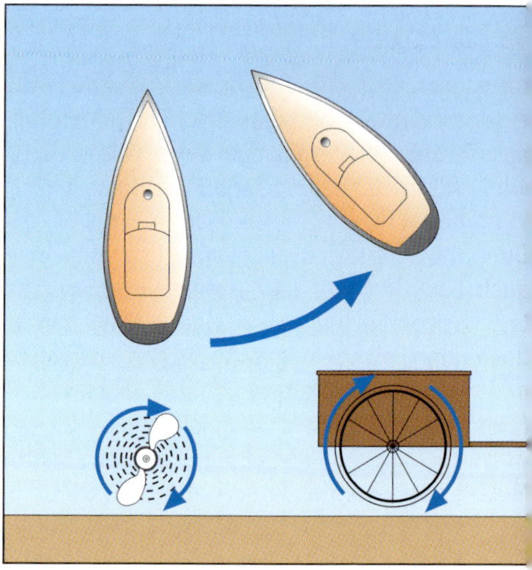

So als ob der Propeller wie ein Rad am Grund entlanglaufen würde – das nennt man Radeffekt.

Was ist im Zusammenhang mit der »Tankanlage« und dem »Tanken« alles zu beachten?

Eine Tankanlage mit Deckeinfüllstutzen muss als Sicherheitseinrichtungen ein Entlüftungs-

rohr, eine Erdung des Einfüllstutzens und ein Absperrventil in der Treibstoff-Leitung vom Tank zum Motor haben. Das Absperrventil soll geschlossen werden, wenn der Motor nicht läuft; es verhindert, dass bei einem Leitungsbruch der ganze Tankinhalt in die Bilge läuft. Zum Tanken selbst werden Motor und Batteriehauptschalter (damit keine Funkenbildung entsteht) abgestellt; dazu wird dafür gesorgt, dass kein Treibstoff überläuft oder verschüttet wird. Rauchen und offenes Feuer sind indiskutabel.
Durch Verwendung eines großen Trichters (gilt auch für Ölwechsel!) kann man das Verschütten von Treibstoff verhindern. Wurde aber doch einmal Treibstoff verschüttet, so wird er mit einem saugfähigen Lappen aufgewischt (Lappen an Land in geeigneten Abfallbehälter werfen!). Nach dem Tanken vor Starten des Motors das Lüftergebläse ca. 5 Minuten laufen lassen, um explosive Dämpfe abzusaugen.
Ein Außenbordertank soll immer an Land nachgefüllt werden, damit Treibstoff weder ins Boot noch ins Wasser gelangen kann.
Wird ein Reservekanister in einer Backskiste verstaut, dann muss diese luftdicht gegen das Bootsinnere abgeschottet und entlüftbar sein.

Was ist »vor dem Anlassen« des Motors alles zu beachten?

Treibstoffvorrat und Ölstand für Motor und Getriebe überprüfen, Motorraum belüften und Schaltung auf Leerlauf stellen. Besonders wichtig ist die Leerlaufstellung, damit der Propeller auf keinen Fall sofort mitdreht und das Boot unkontrolliert und ruckartig anfährt. Solch ruckartiges Anfahren könnte verhängnisvoll beim Handstart eines Außenborders sein, wenn eine Person allein an Bord ist und durch den Ruck über Bord fällt. Vor dem Einlegen eines Ganges ist auch darauf zu achten, dass sich kein Schwimmer in Propellernähe aufhält und verletzt werden könnte.

Was ist »nach dem Anlassen« und dem Betrieb eines Innenbordmotors zu beachten?

Öl- und Ladekontrolllampe müssen erloschen sein; sich überzeugen, dass Kühlsystem arbeitet; Motor- und Getriebe-Temperatur, Motorgeräusch und Abgasfärbung beobachten; Tankanzeige und Drehzahlmesser berücksichtigen.

Wie kann der technisch »einwandfreie Zustand« der Maschinenanlage sichergestellt werden?

Durch regelmäßige Wartung und Pflege. Zu diesem Zweck sollte auch die *Betriebsanleitung* immer an Bord mitgeführt werden. Sie gibt Hinweise zur Wartung und enthält eine Zusammenstellung möglicher Störungen. Sie kann auch bei einer Reparatur durch Fachkräfte von Nutzen sein.

Wie ist eine »Bordbatterie« zu warten?

Überprüfen, ob destilliertes Wasser nachgefüllt werden muss. Pole sauber halten und in angeklemmtem Zustand mit Vaseline einfetten.

Was ist beim »Schalten« zu beachten?

Immer erst Gas gut wegnehmen und Drehzahl des Motors kleiner werden lassen, da sonst ein Getriebeschaden eintreten kann.

Können Sie bei einem Dieselmotor den Treibstofftank bedenkenlos »leerfahren«?

Der Tank sollte nie ganz leergefahren werden, weil sonst Luft in die Einspritzanlage gelangt. Bevor dann der Motor wieder einwandfrei arbeitet, muss die Anlage erst sorgfältig entlüftet werden. Hinweise findet man gegebenenfalls in der Betriebsanleitung.

Schadet die Motorbenutzung bei »Krängung«?

Unter Segel sollte man bei stärkerer Krängung nicht gleichzeitig den Motor längere Zeit mitlaufen lassen, weil die Gefahr einer nicht mehr ausreichenden Schmierung besteht. Im Zweifelsfalle könnte man in der Betriebsanleitung nach Angaben über die zulässige Schräglage des laufenden Motors suchen.

Was kann die Ursache sein, wenn der Motor beim »Einlegen des Gangs« sofort stehen bleibt?

Blockierter Propeller z. B. wegen einer Leine oder Plastiktüte. Blockiertes Getriebe wegen fehlender Schmierung.

Was kann die Ursache sein, wenn die »Motorabgase« a) eine starke Blaufärbung, b) eine starke Weißfärbung haben?

a) Kolbenringe sind undicht, weshalb Schmieröl in den Verbrennungsraum gelangt und mit verbrennt.
b) Wasserdampf tritt aus, weil vermutlich die Zylinderkopfdichtung defekt ist und Wasser in den Verbrennungsraum gelangt.

Ein Außenbordmotor »stottert« und »bleibt immer wieder stehen«. Was kann die Ursache sein?

Verrußte Zündkerzen oder eine gestörte Benzinleitung (Schmutz, Leck). Ein kleiner Außenborder mit eingebautem Tank könnte auch stehen bleiben, wenn die Belüftungsschraube im Tankdeckel nicht geöffnet ist.

Gibt es beim Anlegen unter Motor eine »günstige Seite«?

Ja. Bei einem *linksgängigen Propeller ist* es die *Steuerbordseite*. Man legt zuerst Festmacheleinen und Fender auf der Steuerbordseite klar und steuert in langsamster Fahrt (rechtzeitig Leerlauf!) in spitzem Winkel (20°–30°) an. Steht das Boot nahezu mit dem Bug in Stegnähe, fährt man mit halber Kraft zurück, wobei das Heck durch den Radeffekt zum Steg schwenkt. Vgl. Abb. Seite 127/128. (Umgekehrt beim rechtsgängigen Propeller.)

Was sollten Sie tun, bevor Sie einen Außenbordmotor »hochkippen«?

Bevor man einen Außenborder nach einer Fahrt hochkippt (oder abnimmt), sollte man von dem noch laufenden Motor den Tankschlauch abziehen und den Vergaser leer fahren, damit kein Treibstoff – das Gewässer verschmutzend – ausläuft.

Was ist beim Anlegen »Eindampfen in die Spring«?

Das Anlegen in eine Lücke und mit Leinenhilfe an der ungünstigen Seite. Bei einem linksgängigen Propeller z. B. steuert man eine an der Backbordseite liegende Lücke in spitzem Winkel an, bringt nach langsamster Fahrt die Yacht mit dem Bug (Fender dort!) an die Pier, macht dort die Vorspring fest, legt dann den Vorwärtsgang ein und gibt Gas (*dampft in die Spring*), und mit Steuerbordruder dreht das Heck zum Liegeplatz.

Was ist beim Ablegen »Eindampfen in die Spring«?

Mit noch belegter Vorspring vorwärts fahren, sodass das Heck von der Pier wegschwenkt. Bei Liegeplatz an der Steuerbordseite und linksgängigem Propeller fährt man zunächst mit Steuerbordruderlage langsam voraus, bis die Vorspring den Bug (Fender dort!) zur Pier drückt. Dann gibt man mehr Gas, bis das Heck wegschwenkt. Anschließend macht man die

Vorspring los, legt den Rückwärtsgang ein und legt das Ruder um.

Wie legt man unter Motor
a) in »strömendem Gewässer«,
b) bei »starkem Wind« an?

a) Mit dem Bug gegen den Strom, der bei Booten ohne Besegelung stärker als der Wind wirkt. (Abb. D, Seite 128.)
b) Möglichst gegen den Wind, da starker Wind stärker als Strom beeinflussen kann.

Sie nähern sich einer Schleuse. Welche Vorbereitungen sind an Bord zu treffen?

Segel bergen und Motor starten. Fender ausbringen und Festmacher klarlegen. Eventuell außenbords hängende Ausrüstung an Deck nehmen. Wenn Beiboot im Schlepp, dies kurz anhängen. Bootshaken klar machen.

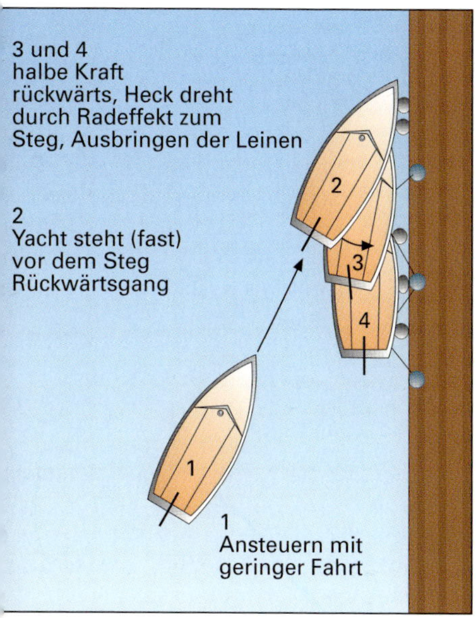

Anlegen unter Motor mit linksgängigem Propeller an der »günstigen Seite«.

Was beachten Sie bei der »Ruderlage« beim Ablegen unter Motor?

Eine *Hartruderlage* vermeiden, da sonst das Heck bei der zu starken Kurve an die Pier schlägt.

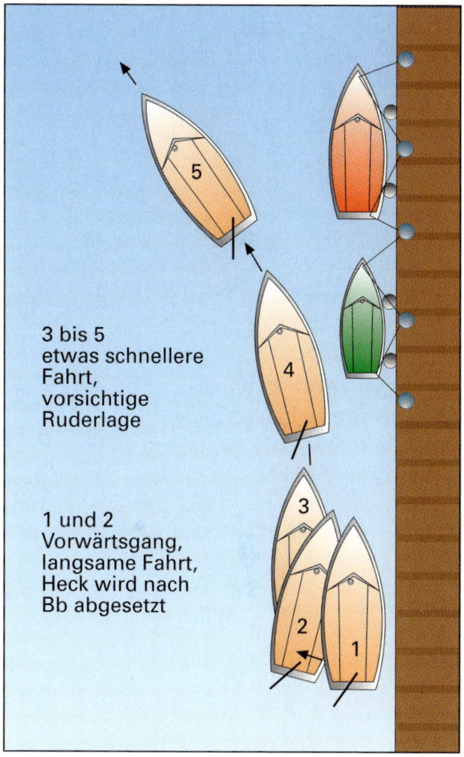

Ablegen unter Motor mit linksgängigem Propeller, Steg an Steuerbord.

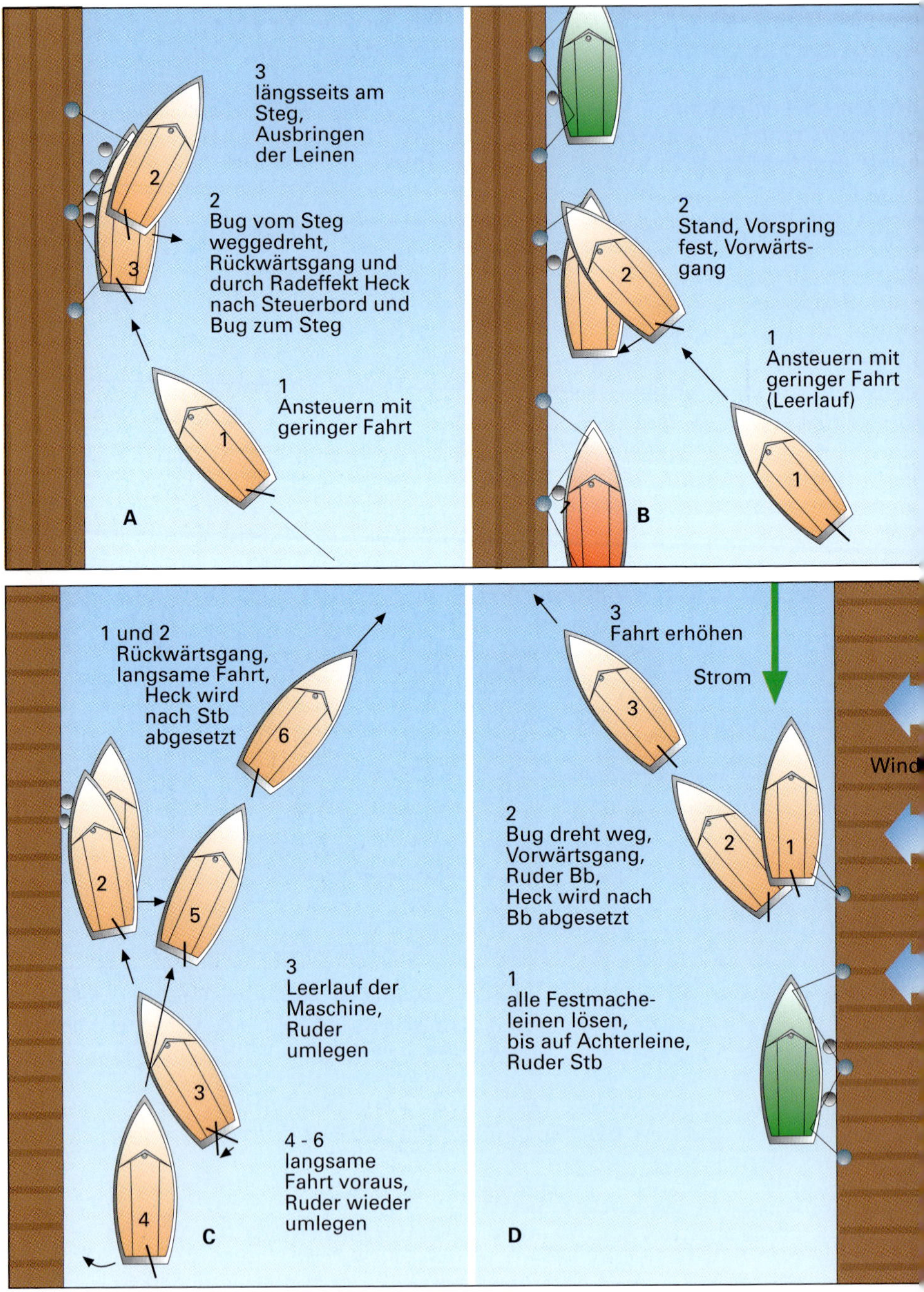
3
längsseits am Steg, Ausbringen der Leinen
2
Bug vom Steg weggedreht, Rückwärtsgang und durch Radeffekt Heck nach Steuerbord und Bug zum Steg
1
Ansteuern mit geringer Fahrt
A
2
Stand, Vorspring fest, Vorwärts-gang
1
Ansteuern mit geringer Fahrt (Leerlauf)
B
1 und 2
Rückwärtsgang, langsame Fahrt, Heck wird nach Stb abgesetzt
3
Leerlauf der Maschine, Ruder umlegen
4 - 6
langsame Fahrt voraus, Ruder wieder umlegen
C
3
Fahrt erhöhen
Strom
Wind
2
Bug dreht weg, Vorwärtsgang, Ruder Bb, Heck wird nach Bb abgesetzt
1
alle Festmache-leinen lösen, bis auf Achterleine, Ruder Stb
D

Wie können Sie »auf engem Raum wenden«?

Man macht sich den Radeffekt zunutze, wobei gilt: Boote mit linksgängigem Propeller wenden besser nach Backbord, Boote mit rechtsgängigem Propeller nach Steuerbord. Bei der Drehung wird jeweils ohne Veränderung der eingeleiteten Ruderlage wiederholt zwischen Vorwärts- und Rückwärtsgang umgeschaltet.

Worauf ist beim »Schleppen« unter Motor zu achten?

- Die Schleppleine darf bei der Übergabe nicht in den Propeller geraten.
- Ein ruckhaftes Steifkommen der Schleppleine ist zu vermeiden.
- Die Schleppgeschwindigkeit darf nicht zu groß sein, d. h. nicht größer als die Geschwindigkeit, die der Anhang frei fahrend bei Verdrängerfahrt erreichen kann. Ein kleineres geschlepptes Boot könnte sonst aus dem Ruder laufen und kentern, außerdem könnten am Rumpf wegen Überschreitung der Rumpfgeschwindigkeit Schäden entstehen.

An- und Ablegen unter Motor

A: Anlegen mit linksgängigem Propeller an der »ungünstigen Seite«.
B: Anlegen mit linksgängigem Propeller in Lücke an der »ungünstigen Seite« = Eindampfen in die Spring. Die Yacht mit dem Bug am Steg zum Stehen bringen (Fender dort!); Vorspring festmachen, halbe Kraft vorausfahren (= Heck schwenkt zum Steg).
C: Ablegen mit linksgängigem Propeller, Steg an Backbord.
D: Ablegen mit linksgängigem Propeller, Steg an Steuerbord, Strom von vorne und ablandiger Wind.

Was ist »Längsseitsschleppen« und worauf ist dabei zu achten?

Ein Schleppen z. B. in engen Fahrwassern, das geschleppte Boot längsseits. Beide Boote sind dabei durch Vor- und Achterleine, Vor- und Achterspring starr miteinander verbunden und durch Fender abgesichert. Wichtig ist, dass das Heck des Schleppers hinten hinausragt, damit seine Drehfähigkeit nicht beeinträchtigt wird.

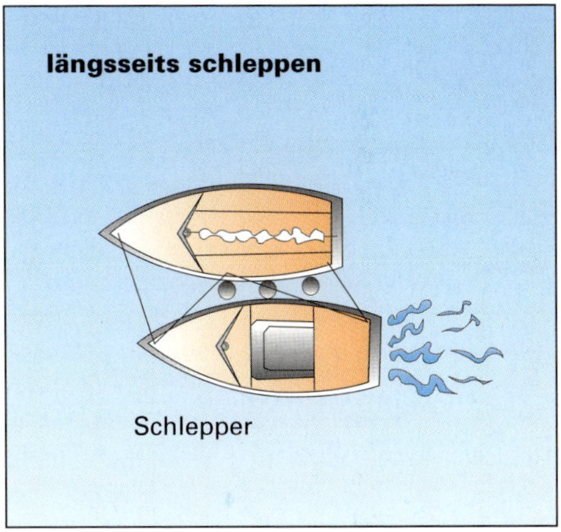

Ein Crewmitglied »fällt über Bord«. Was tun Sie als Rudergänger einer unter Motor laufenden Segelyacht?

1. Ruder sofort auf die Seite des Überbordgefallenen legen, damit das Heck wegschwenkt, und auf Leerlauf schalten, damit Verletzungen durch den Propeller vermieden werden.
2. Rettungsboje werfen, Propeller wieder einkuppeln und umkehren.
3. Überbordgefallenen in Luv ansteuern und rechtzeitig Propeller auskuppeln, um Verletzungen zu vermeiden.
(Abb. nächste Seite.)

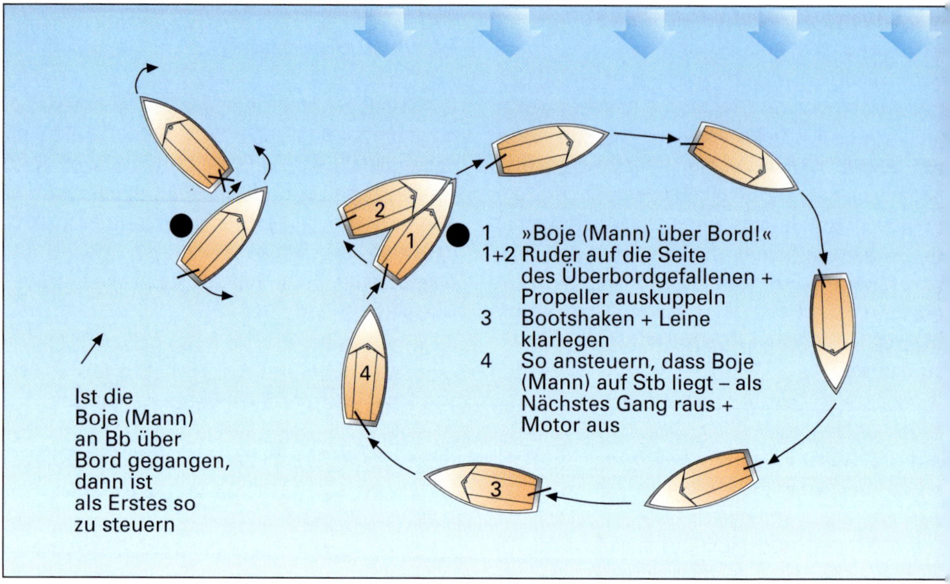

Wie kann man unter Motor »einen Sturm abwettern«?

Langsam gegen Wind und Wellen anfahren. Stampft das Boot aber zu sehr, wird man einen Diagonalkurs von ca. 45° gegen die Wellen steuern.

Wie können Sie mit Ihrem Boot unter Motor einer »gekenterten Jolle« helfen?

Mit Bug voraus so an die gekenterte Jolle heranfahren, dass schwimmende Personen nicht durch den Propeller verletzt werden können und keine aufschwimmenden Leinen in den Propeller geraten. Bei Gefahr von Unterkühlung als Erstes Personen bergen, dann Jolle vom Masttopp her aufrichten und längsseits nehmen.

Wie leiten Sie das »Freischleppen« einer auf »Legerwall« festgekommenen Kielyacht ein, ohne selbst in Probleme zu geraten?

In entsprechendem Sicherheitsabstand in Luv des Havaristen in den Wind drehen, dort das Boot unter Motor halten (bzw. ankern) und Schleppverbindung herstellen (z. B. Leine hintreiben lassen).

---

11 Kleines Segelwörterbuch

abfallen nach Lee wegdrehen. Gegenteil: anluven
ablandig der Wind, der vom Land her weht. Gegenteil: auflandig
abschlagen Losmachen eines Segels von einem Rundholz
abtakeln Entfernen von Mast und allem stehenden und laufenden Gut, z. B. für das Winterlager. Nicht verwechseln mit Segelbergen!
Abtrift (auch Abdrift) das seitliche Abtreiben eines Segelschiffes durch den Wind
achteraus so viel wie »rückwärts« (außerhalb des Bootes)
Achterholer Luvschot des Spinnakers
Achterliek hintere Kante eines Segels
achtern hinten
Achterstag ein von der Mastspitze (Masttopp) nach achtern führendes Drahtende, das den Mast abstützt
andirken den Großbaum hinten mit der Hand oder mittels Dirk anheben
Ankergeschirr gesamtes Zubehör zum Anker
anluven höher zum Wind hindrehen. Gegenteil: abfallen
anschäkeln etwas mit einem Schäkel befestigen
anschlagen z. B. Großsegel an Großbaum befestigen. Gegenteil: abschlagen
anstecken etwas verbinden
auffieren einer Leine mehr Lose geben. Gegenteil: dichtholen, anholen
auffrischen Wind nimmt zu
auflandig Wind weht zum Land. Gegenteil: ablandig
aufriggen auftakeln
aufschießen 1. Schiff in den Wind drehen zum Bremsen; 2. eine Leine in Buchten zusammenlegen
auftakeln (aufriggen) Mast setzen und stehendes Gut anbringen. Nicht verwechseln mit Segelsetzen! Gegenteil: abtakeln
auf und nieder so viel wie senkrecht, z. B. Anker auf und nieder (= kurzstag)
Augbolzen Schraubbolzen mit Auge
Auge Ring, Loch, Öse

back so viel wie entgegengesetzt; z. B. die Fock back halten, d. h. gegen den Wind halten
Backbord vom Heck aus gesehen links, linke Seite. Farbe des Positionslichtes: rot. Gegenteil; Steuerbord
Backstag bewegliches Stag zum Abstützen des Mastes schräg nach achtern, jeweils auf Stb und Bb
Ballast Gewicht (Eisen, Blei) zum Erzielen von Stabilität
Bändsel ein dünnes Stück Tauwerk zum Festbändseln
Baum Rundholz (Spiere), an dem ein Segel mit der Unterkante (Unterliek) befestigt wird, z. B. Großbaum
Baumstütze Stütze, auf der der Baum aufliegt, wenn das Segel geborgen wird
Beisegel Zusatzsegel, z. B. Spinnaker
Besan Besanmast bzw. Besansegel. Auf mehrmastigen Schiffen der achterlichste Mast und auch das Segel (z. B. bei der Ketsch)
Beschlag Bau- und Zubehörteile, wie Bolzen, Klampen, Schienen usw.
Bilge tiefster Raum im Schiff, in dem sich Wasser, Öl und Schmutz sammeln
Block Gehäuse aus Kunststoff, Metall oder Holz, mit einer oder mehreren Rollen zur Führung einer Leine
Bö plötzlicher Windstoß
Babystag zusätzliches kürzeres Vorstag
Balkweger oberster Längsverband im Bootsbau

Bodenwrangen Verbindung der Spanten am Schiffsboden
Boje verankerter Schwimmkörper zum Festmachen von Fahrzeugen oder zur Markierung bestimmter Stellen
Bootsmannsstuhl Sitzbrett, das man zum Masttopp heißen kann für Arbeiten in der Takelage
Bucht 1. zurückspringendes Küstenstück; 2. bei Tauwerk ein Ring
Bugspriet Verstärkung des Vorstevens als Unterlage für den Klüverbaum
Bullentalje (-stander) eine von der Baumnock nach vorne geführte Talje, die beim Segeln auf Vorwindkurs bei starkem Seegang ein Überschlagen des Baumes verhindert

Cockpit Sitzraum für die Mannschaft in einem Boot. Anderer Ausdruck: Plicht
Crew Besatzung bzw. Mannschaft
Cunningham-Hole Spannungseinrichtung für das Vorliek

Dalben Gruppe von Pfählen, z. B. zum Festmachen
Deck oberer Abschluss eines Schiffes
dichtholen ein Ende bzw. eine Schot nahe heranholen. Gegenteil: fieren
Dirk Leine, die von der Baumnock nach oben zum Mast führt zum Halten des Großbaumes
Dollbord oberer Rand eines offenen Bootes
Drahtvorlauf Drahttauwerk-Anteil bei einem Fall
Ducht Sitzbank in einem Boot
dwars quer, querab, von der Seite (in Verlängerung der Bootsquerachse)

Einhandboot Einmannboot
einscheren eine Schot durch einen Block ziehen
Ende abgepasstes Stück Tauwerk vom Durchmesser einer Leine. Die »Enden« eines Endes sind die Tampen

Fahrwasser die Teile der Wasserflächen, die durch Schifffahrtszeichen begrenzt oder die auf den Binnenwasserstraßen für die durchgehende Schifffahrt bestimmt sind
Fall (Mz.: Fallen) Bezeichnung für Enden, mit denen etwas geheißt bzw. gefiert wird; z. B. Großfall, Fockfall, Spinnakerfall
Fender Polster, die man über Bord hängt zum Schutz, z. B. vor Nachbarfahrzeugen
Festmacher stärkeres Tauwerk zum Festmachen eines Bootes
Feudel Wisch- oder Scheuertuch
fieren ein Ende lose geben. Gegenteil: dichtholen, heißen, anholen
Flagge viereckige Fahne
Flunke schaufelförmige Hand eines Ankers
Fock Vorsegel auf einem Segelboot; auf Booten mit mehreren Vorsegeln ist die Fock das achterlichste aller Vorsegel
Fockschot Leine zum Bedienen der Fock
Formstabilität Stabilität eines Schiffes, bedingt hauptsächlich durch die Form des Bootskörpers
Freibord Höhe der Bordwand über der Wasserlinie
freikreuzen bei auflandigem Wind von der Küste wegkreuzen

Gat (Gatt) 1. Heckart eines Schiffes, z. B. Spitzgat(t), Rundgat(t). 2. Kleines Loch, z. B. Gat in der Bordwand zum Abfluss des Wassers. Gatchen im Segel: kleine eingesäumte Löcher, z. B. zum Reffen
Gegenruder Ruderlage, die der augenblicklichen entgegengesetzt ist; dient zum Aufheben einer unerwünschten Drehtendenz
Gelcoat Deckschicht bei Kunststoffbau
Genua sehr großes, den Mast weit überlappendes Vorsegel
gieren ständiges Ausscheren eines Bootes aus dem Kurs, häufig bei Vorwindkursen oder achterlicher See
Großbaum daran wird das Unterliek des Großsegels angeschlagen
Großbaumniederhalter auch -niederholer

genanntes System (z. B. kleine Talje), um den Großbaum waagerecht halten zu können
Großschot Leine zum Bedienen des Großsegels, ist als Talje durch mindestens zwei Blöcke geschoren

Hahnepot (Hahnenfuß) ein in zwei oder mehrere Zweige auslaufendes Ende, das eine darauf einwirkende Kraft auf diese Zweige verteilt
Hals die vordere untere Ecke eines Segels
halsen Kursänderung eines Bootes, bei der das Heck durch den Wind dreht. Gegenteil: wenden
hart so weit wie möglich; z. B. das Ruder hart legen; hart am Wind segeln
heißen hochziehen. Gegenteil: fieren
Holebug beim Kreuzen der kürzere, ungünstigere Schlag, bei dem man Höhe heraussegelt, sich dem Ziel aber wenig nähert
holen ziehen, z. B. dichtholen. Gegenteil: fieren
Holepunkt die Stelle für die zweckmäßigste Zugrichtung einer Leine, z. B. der Fockschot
Hundsfott unteres Auge an einem Block

Jolle kenterbares, aber unsinkbares Schwertboot
Jollenkreuzer Schwertboot mit Kajüte
Jolltau einfache Leinenumlenkung durch einen Block

Kabbelwellen unregelmäßige, durcheinander laufende, kabbelige Wellen
kalfatern abdichten von Ritzen und Fugen im Bootskörper
kappen durchschneiden, durchhauen eines Endes
Kardeel geschlagenes Tauwerk besteht aus mehreren Kardeelen (drei- oder vierkardeelig)
Karweel Holzbauweise mit glatter Außenhaut
Kat Takelungsart, bei der die Boote kein Vorsegel, sondern nur ein Großsegel fahren
Kausch eine in Tauwerk eingespleißte bzw. von Tauwerk umnähte Metallöse
Keep tiefe Rille, z. B. die Rille in Masten und Großbäumen zum Einziehen der Segel; auch der Zwischenraum zwischen den Kardeelen von Leinen
kentern 1. Umkippen eines Bootes. 2. Strom: Wechsel von Ebbe zu Flut und umgekehrt
Kiel unterster Längsbalken eines Schiffes
Kielschwein auf dem Kiel liegende Verstärkung
killen flattern; z. B. Segel killen
Kimm 1. der sichtbare Horizont auf See, 2. stärkste Krümmung auf jeder Seite des Schiffsquerschnitts
Klampe Beschlag zum Belegen von Tauwerk
Klappläufer kleinste echte Talje mit der Kraftersparnis von 2:1
Klinker Holzbauweise mit dachziegelartiger Überlappung
Klüse Loch im Deck bzw. Beschlag zum Durchführen von Leinen oder Ankerketten
Klüver Vorsegel, das vor der Fock gefahren wird
Klüverbaum eine über den Vorsteven hinausragende Spiere zum Befestigen von Vorsegeln
Knickspant eckige Bauweise bei Booten, z. B. Pirat
Knoten (kn) Schiffsgeschwindigkeit = Seemeilen pro Stunde
Kombüse Schiffsküche
Kopf obere Ecke eines Segels
krängen das seitliche Neigen eines Schiffes
kreuzen auf Zickzackkurs gegen den Wind segeln
Kreuzer Kajütyacht. Gegenteil: Rennyacht
kurzstag Einholen der Ankerkette so weit, dass der Anker gerade noch hält

Lateralplan die unter Wasser befindliche Fläche des Längsschnittes eines Schiffes
Lattentasche auf das Segel beim Achterliek aufgenähte schmale Taschen zur Aufnahme der Segellatten

Leck Loch im Schiffskörper
Lee die dem Wind abgekehrte Seite. Gegenteil: Luv
leegierig Bestreben eines Bootes, vom Wind wegzudrehen = abzufallen Gegenteil: luvgierig
Legerwall gefährliche Lage eines Schiffes vor einer Küste bei auflandigem Wind
Leitöse Öse zum Führen einer Leine (z. B. für die Fockschot)
lenzen etwas leerpumpen
Liek Kante eines Segels
Liektau zur Verstärkung an das Liek eines Segels angenähtes Tauwerk
loggen die Schiffsgeschwindigkeit messen
Lot Bleigewicht an markierter Leine (Handlot) oder Instrument (Echolot) zum Messen der Wassertiefe
loten Messen der Wassertiefe
Lümmellager Verbindungsgelenk speziell zwischen Mast und Großbaum
Luv die dem Wind zugekehrte Seite. Gegenteil: Lee
luvgierig Bestreben eines Bootes anzuluven = in den Wind zu drehen
Luvruder Ruderlage, bei der das Ruderblatt nach Luv zeigt

Mastspur Beschlag oder Vertiefung im Binnenkiel bzw. Kielschwein zum Einsetzen des Mastfußes
mittschiffs Mitte des Schiffes

Niedergang Treppe an Bord, die in die Kajüte führt
Nock das Ende einer Spiere an Bord, z. B. Baumnock, Gaffelnock; Ausnahme: beim Mast (Masttopp)

ösen lenzen eines Bootes mit einer Wasserschaufel (Ösfass)

Part Teil einer Leine. Läuft ein Ende durch einen Block, so unterscheidet man stehende und holende Part
Persenning Schutzbezug für Segel oder das ganze Boot
Pinne 1. Ruderpinne, ein Hebel zum Betätigen des Ruders. 2. Kompasspinne, spitze Auflage für die Kompassrose
Plicht Sitzraum einer Yacht (Cockpit)
Poller Pfosten, Pfahl oder eine Art Klampe an Bord oder an Land als Festmachevorrichtung für Leinen
Preventer Stag zum Loswerfen
pullen rudern mit dem Beiboot
Pütting Beschlag zur Wantenbefestigung am Rumpf
Pütz kleinerer Wassereimer

querab auf der Seite; etwa im rechten Winkel zum Schiff (dwars)

rank nicht stabil
raumen günstige Winddrehung mit mehr achterlich einfallendem Wind. Gegenteil: schralen
raumer Wind Bereich zwischen Halbwind- und Vorwindkurs
Reep abgemessene Leine für bestimmte Zwecke, z. B. Bojereep, Taljereep
reffen die Segelfläche verkleinern
Reitbalken ein quer über das Cockpit von Jollen führender Querbalken
Reling Geländer bei einem Boot
Riemen seemännischer Ausdruck für Ruder
Rigg so viel wie Takelage
Roving Glasseidenstrang als Verstärkung beim GFK-Bau
Ruder Steuereinrichtung am Heck eines Bootes. Nicht verwechseln mit Riemen
Rudergänger der Mann, der das Ruder bedient
Rundtörn das Herumlegen eines Endes z. B. um eine Spiere

Saling quer zum Mast beidseitig angebrachte kurze Stange zum Abstützen und Spreizen von Wanten
Schäkel Metallbügel mit Schraub- oder

Steckbolzen zum Verbinden verschiedener Teile
schamfilen scheuern, reiben
Schandeck (Schandeckel) äußerste Planke der Decksplanken
scheinbarer Wind der Wind, der auf dem fahrenden Segelboot wahrgenommen wird. Ergibt sich aus Fahrtwind und wahrem Wind
scheren ein Ende durch einen Block führen
Scheuerleiste an der Bordwand angebrachte Leiste zum Schutz der Außenhaut
schiften etwas auf die andere Seite nehmen; z. B. Großbaum
Schot Ende zum Bedienen der Segel
Schothorn hintere untere Ecke eines Segels
Schotring offener Ring, der den Großbaum umgreift. Daran schäkelt man den Block der Großschottalje an
Schott wasserdichte Quer- oder Längswand im Schiff
schralen ungünstige Winddrehung mit Windeinfall mehr von vorne. Gegenteil: raumen
Schratsegel längsschiffs stehendes Segel. Gegenteil: Rahsegel
schricken Schot etwas fieren
Schwertboot Jolle; kleineres, formstabiles, kenterbares Segelboot mit aufholbarem Schwert statt Ballastkiel
schwojen hin und her pendeln
Seemeile (sm) seemännisches Längenmaß, 1852 m
Senkruder im Schaft beweglich gelagertes Ruder
Slup übliche Takelung eines einmastigen Segelbootes mit Großsegel und einem Vorsegel
Sorgleine Sicherungsleine
Spant Querrippe eines Bootskörpers
Spiegel querschiffs stehende Abschlussplatte am Heck
Spiere jede Art von Rundholz, außer dem Mast
Spill Winsch bzw. Winde
spleißen Tauwerk verflechten
Spring Festmacheleinen zusätzlich zu Vor- und Achterleine
Sprung Verlauf des Decks im Seitenriss
Stag Drahttauwerk, mit dem der Mast längsschiffs abgestützt wird (Vorstag, Achterstag)
Stagreiter kleine Haken am Vorliek mancher (meist größerer) Vorsegel zum Einpicken am Vorstag
Stander 1. dreieckige Flagge. 2. Draht- oder Tauwerkstropp mit Augen an jedem Tampen
Steckschwert im Gegensatz zum Senkschwert in den Schwertkasten nicht drehbar hineingestecktes Schwert
stehendes Gut Drahttauwerk, das den Mast festhält
Stek seemännischer Knoten
Steuerbord die rechte Seite eines Bootes vom Heck aus gesehen. Farbe des Positionslichtes: grün
Steven vordere und achtere Begrenzung eines Schiffes (Vorsteven, Achtersteven)
Streckbug beim Kreuzen der längere Schlag, wobei man sich dem Ziel mehr nähert
streichen rückwärts pullen im Ruder- oder Beiboot
Stringer Rumpfversteifung in Längsrichtung
Stromversetzung Veränderung des Kurses eines Schiffes durch Strom
Stropp kurzes Ende
Süll senkrechte, auf etwas aufgesetzte, z. B. um das Cockpit verlaufende Leiste

Takelage Sammelbegriff für alles stehende und laufende Gut (Rigg)
Takling wird auf einen Tampen aufgesetzt zum Verhindern von Aufdrehen
Talje Flaschenzugsystem
Tampen das Endstück einer Leine
Topp oberes Ende eines Mastes
Toppnant Tau, das vom Mast zur Nock einer Rah oder eines Baumes läuft (Dirk). Speziell beim Spinnakern: der Aufholer für den Spinnakerbaum

Topp und Takel ein Segelboot »lenzt vor Topp und Takel«, wenn es bei Sturm ohne Segel treibt
Törn 1. ungewollte Verdrehung im Tauwerk. 2. Herumwickeln einer Leine. 3. Seetörn = Seereise
Traveller quer über das Cockpit verlaufende Schiene (oft auf dem Reitbalken montiert), auf der ein Großschotblock mit einem Schlitten gleiten und nach Luv und Lee verschoben werden kann
Trimaran Dreirumpfboot
Trosse dickes Tau, z. B. Anker- oder Schlepptrosse
Trysegel kleines, schweres, dreieckiges Sturmgroßsegel, das ohne Anschlagen an den Großbaum am Mast gefahren wird

Überhang das über die Wasserlinie hinausragende Stück von Bug oder Heck einer Yacht
überlappen beim Wettsegeln, wenn keines zweier Boote klar achteraus bzw. voraus liegt, d. h. wenn ein Boot eine angenommene Querablinie vom achterlichsten Punkt des anderen schneidet
über Steg gehen so viel wie wenden
Unterliek die untere Kante eines Segels
Unterliekstrecker Streckvorrichtung am Großbaum zum Spannen des Großsegel-Unterlieks
Untiefe flache Stelle im Wasser

Verdrängerfahrt im Gegensatz zum Gleiten die Fahrt, bei der das vom Boot erzeugte Wellensystem nicht verlassen wird. Eine maximale Rumpfgeschwindigkeit kann von Nicht-Gleitbooten nicht überschritten werden
verholen mithilfe von Leinen an einen anderen Platz bringen
Verklicker Drehvorrichtung mit dem Stander im Masttopp zur Windrichtungsanzeige
vertäuen mit Leinen gut festmachen
vertörnt verdreht
Vorliek vordere Kante eines Segels
Vorsegel Segel, das man vor dem Großsegel setzt
Vorstag Drahttau, das den Mast von vorne abstützt
Vorsteven Begrenzung des Schiffes vorn am Bug, oft durch Stevenbeschlag geschützt

wahrer Wind der tatsächliche Wind, wie man ihn auf einem Boot ohne Fahrt oder von Land aus wahrnehmen kann
Wahrschau! Warnruf: so viel wie Vorsicht!
Want Drahttau, das den Mast seitlich abstützt
Wantenspanner Spannschrauben zum Spannen von Wanten
wenden Manöver, bei dem das Boot mit dem Bug durch den Wind dreht.
Gegenteil: halsen
Wieling Schutzwulst, z. B. beim Beiboot
Winsch Winde

Yacht allgemein Sportboot; speziell: Kielboot im Gegenteil zur Jolle
Yawl zweimastige Yacht, mit dem kleineren achterlichen Treibermast außerhalb der Konstruktionswasserlinie

Zeising kurze Segeltuchstreifen oder Bändsel
zurren zusammenbinden

Stichwortverzeichnis

Der Autor

Seit 1965 widmet sich der gelernte Sportphilologe Roland Denk intensiv seinem Spezialgebiet, dem Thema »Segelschule«. Seine Erfahrungen hat er nicht nur als Fahrten-, Hochsee- und Regattasegler gesammelt, sondern insbesondere als Segellehrer und langjähriger Leiter des Segelzentrums der Münchner Hochschulen am Starnberger See.

Für den Deutschen Segler-Verband war Roland Denk als junger Sportlehrer in mehrfacher Hinsicht tätig. Als Autor hat er bisher zwölf Segel-Lehrbücher geschrieben, darunter die vorliegende Frage- und Antwort-Sammlung.